하워드 진

아거 지음

하워드
진

미국의
지배 이데올로기에
저항한
불복종자

인물과
사상사

왜
지금
진인가?

———

항상 궁금했다. 지배권력에 저항하다가 패배한 시민, 인민, 민중의 역사는 넘쳐난다. 이런 패배에도 왜 사람들은 부당하다고 생각되는 지배권력에 저항해왔고, 또 맞서고 있을까? 죽고 다치고 재산을 빼앗기고 감옥에 갇히고 자신은 물론 가족의 삶마저 무너지는데도 왜 어떤 사람들은 그것을 견뎌내며 종주먹을 흔들고 머리를 들이밀면서 저항하는 것일까? 이길 수 없다는 걸 뻔히 알면서, 죽임을 당할 게 눈에 보이는데도, 계란으로 바위를 치는 것보다 더 말도 안 되는 상황에 어째서 제 몸을 던지는 걸까?

오랫동안 품어온 의문이었다. 의문이 깊어질수록 어떻게든 용기를 내 자신과 이웃을 억누르는 억압에 복종하지 않고 항거하는 이들에 대한 존경심도 깊어갔다. 저들 덕분에 그나마 숨 쉬고 산다는 자각이 있었기에 그랬다. 저들 덕분에 노동시간이 단축되었고, 선거권이 생겼으며, 포악한 독재체제에서 벗어날 수 있었다. 저들 덕분에 말하고 쓸 권리를 어느 정도 보장받았으며, 인권에 대해 이야기라도 할 수 있게 되었다.

저들 덕분에 인종과 성, 계급, 신분에 따른 차별이 부당하다는 것을, 평등과 자유가 얼마나 소중한 가치인지를 깨칠 수 있었다. 추악하고 무능하며 파렴치한 정부를 바꿀 수 있었다. 법이든, 제도든, 관습이든, 부당한 권력이든, 그에 맞서 시민불복종을 내걸고 싸운 이들이 있었기에, 그들의 소소한 승리와 연대가 있었기에, 오늘날 시민과 노동자의 권리는 어느 정도 보장받을 수 있었다. 그렇다. 우리는 저들에게 빚을 졌고,

지금도 지고 있다.

시민불복종의 역사를 알기 전, 법은 숭고한 무엇이었다. 훼손되어서는 안 되는 불가침의 영역이었다. 정부는 국가와 동일했다. 정부를 위하는 게 국가를 위하는 일이었기에 감히 정부를 비판할 수 없었다. 독재정권이 오랫동안 권력을 유지해온 이 나라에서 국민 또는 시민이 나서서 정부를 바꾼다는 것은 상상조차 하지 못할 일이었다.

기업은 어떤가. 6·25전쟁 후 일궈낸 눈부신 경제성장은 기업 때문에 가능한 일인 듯했다. 그들이 있기에 우리가 먹고살 수 있었고 경제성장을 이루어낼 수 있었다는 이야기를 수도 없이 들었다. 이 나라를 이끌어간다고 스스럼없이 말하던 대통령을 비롯한 국회의원과 정부 관료, 또 기업의 총수는 모두 애국심으로 똘똘 뭉친 사람들 같았다. 그들은 국가와 국민을 위한다는 거창한 명분을 내걸었다. 오로지 이 나라의 존망을 위해, 국민의 안위를 위해 1년 365일 밤낮없이 일하는 사람들 같았다.

과연 그럴까? 이 글을 읽는 독자들도 알고 나도 안다. 그게 아니라는 걸, 절대 아니라는 걸……. 그건 한낱 미몽迷夢에 불과했다.

그 미몽과 환상에서 깨어나게 해준 이가 여럿 된다. 그중 하워드 진Howard Zinn, 1922~2010에게 많은 빚을 졌다. 『미국 민중사A People's History of the United States』를 비롯해 『오만한 제국: 미국의 이데올로기로부터 독립Declarations of Independence: Cross-examining American Ideology』에 이르기까지 진이 조곤조곤한 말투로 조목조목 짚어준 미국의 역사와 현실은 지배권력을 유지하려는 정부와 관료, 정치인, 자본의 논리를 들이대는 기업에 맞서 인간의 권리를 지켜내기 위해 싸워온 사람들에 대한 기록이었다. 그들이 어떻게 패배해왔는지, 패배의 와중에도 작은 승리를 어떻게 거두었는지, 그로써 인간의 권리를 어떻게 지켜냈는지, 위선적이고 추악한 인간들에게 어떻게 저항했는지가 진의 저작과 삶에 오롯이 새겨져 있었다.

단지 미국에만 국한할 수 없는 그의 이야기를 들

으며, 법이 불가침의 대상이 아니라는 것을, 정부와 국가는 당연히 분리되어야 하며, 국민을 위한 정부가 아니라는 판단이 들 때 그 정부를 전복할 수 있는 게 민주주의라는 것을, 경제성장의 이면에는 수많은 노동자의 눈물이 서려 있다는 것을, 그럼에도 노동자의 권리가 제대로 보장받지 못했다는 것을, 정부와 기업이 국민을 속여왔다는 것을, 경제성장의 과실을 지배 엘리트들끼리 나눠 먹었다는 것을, 지배권력이 스스로 시민들의 권리를 찾아주지 않아 왔다는 것을, 의심하고 비판하고 저항하는 게 시민으로서 가져야 할 덕목이라는 것을 깨달았다.

무엇보다 시민들의 작은 직접 행동과 불의에 저항하는 움직임이 쌓이고 쌓여 변화를 일으켜왔다는 것을, 민주주의는 누군가가 툭 건네주는 선물이 아니라 오랜 싸움 끝에 조금씩 얻어온 투쟁의 결과물이라는 것을, 시민불복종의 힘이 무엇인지를, 자유롭고 독립적인 개인들의 연대가 얼마나 큰 변화를 이끌어내는지를 깨달았다.

내가 승자의 역사만을 알았다면, 그것만이 정당한 역사라고 여겼다면, 이런 깨달음을 얻지 못했을지도 모른다. 불복종보다는 순종이라는 이름으로 둔갑한 복종이 선善까지는 아닐지언정 세상 사는 이치라고 여겼을지도 모른다. '모난 돌이 정 맞는다', '계란으로 바위 치기' 같은 속담을 되뇌며 부당한 일에 저항 한 번 못하고 '좋은 게 좋은 거다'란 식으로 살아갔을지도 모른다. 생각만 해도 아찔한 일이다.

불복종은 오랫동안 옳지 않은 것으로 여겨졌다. '순종하라! 어른 말 잘 들어라! 거역하지 마라!'란 말은, 부지불식간에 불복종을 나쁜 것으로 만들었다. 반항과 저항은 허락되지 않는 듯했다. 허나, 역사를 돌이켜보면 불복종보다 복종의 결과물이 나쁜 경우가 많았다.

잘못된 명령에 복종한 결과 전쟁이 일어났고, 학살이 자행되고 묵인되었으며, 수많은 사람의 인권이 유린되었다. 사법 살인이 일어났고 국정 농단도 벌어졌다. 정당하지 못한 권력에 충성한 자들 때문에 국가를 지켜야 하는 군대가 국민을 죽이는 일도 벌어졌으며, 국민의 손에 의해 선출된 권력이 국민을 억압하는 일도 자행되었다. 시민의 정치 참여는 제한되었고, 정치 전문가가 따로 있다는 듯 국민은 생업에 종사하고 나랏일은 윗분들에게 맡기라는 식의 논조가 언론에 등장해왔다.

부당한 명령과 권력에 대한 복종이 민주주의를 퇴행시켜왔다면, 불복종은 민주주의의 복원과 인권 신장에 큰 역할을 해왔다. 이승만 독재정권을 끌어내린 1960년 4월 항쟁도, 전두환 군사독재정권을 끌어내리고 대통령 직선제를 가져온 1987년 6월 항쟁도, 권력자의 입장에서 보면 불법 행동이었다. 공권력에 대한 불복종이었다. 허나 그 불복종이 이 나라 민주주의의 초석이 되었다. 박정희와 전두환 정권 시절의 숱한 저항들, 생존을 요구하는 노동자들의 투쟁들, 1980년 5월 광주의 투쟁 역시 불법이었고 불복종이었다.

그뿐인가. 2008년 차벽에 둘러싸인 채 진행되었던 촛불 집회도, '이게 나라냐'며 거리로 나선 2016년의 저 거대한 촛불 투쟁도 불복종이었다. 권력이 시민에게 끊임없이 주입해온, 복종하고 순응하라는 강압적인 이데올로기에 대한 저항이었다. 그 저항 덕분에 우리는 부당한 것을 묵인하지 않고, 어이없는 정치권력의 행태에 기막혀 하지 않고 살 수 있었다. 이렇게 불복종의 역사를 기억하는 한, 작건 크건 승리해온 기록이 존재하는 한, 권력에 대한 시민의 감시가 지속되는한, 민주주의는 퇴행하기보다는 진보하게 될 것이다.

그 역사를 실증적으로 보여준 이가, 시민불복종의힘과 가치를 구체적인 사례를 들어가면서 설명해준이가, 언제든 퇴보할 수 있는 민주주의를 시민의 힘으로 전진시켜온 역사가 분명 존재한다는 것을 깨닫게해준 이가, 글뿐만 아니라 직접 행동으로 시민불복종의 가치를 몸소 실천해온 이가 진이었다.

노동자의 아들로 태어나 어릴 때부터 계급 차별을몸소 겪었던 진은 파시즘과의 전쟁을 위해 제2차 세계대전에 폭격수로 참전했으나 훗날 제2차 세계대전이 결코 정당한 전쟁이 아니라는 것을 깨닫고 반전주의자가 된다. 진은 1960년대부터 흑인 민권운동과 반전운동에 나섰고, 거짓말을 일삼는 미국의 부당한 권력에 맞서왔다. 시민불복종자들의 법정에 서서 그들을 변호했으며, 미국 역사에서 잊힌 존재들을 세상에 드러냈고, 잘못 알려진 역사적 사실을 바로잡아왔다. 역사학자이자 사회운동가이며 행동하는 지식인으로 '미국 현대사의 양심'이라 불렸던 진은 2010년 유명을 달리할 때까지 부당한 권력에 끊임없이 저항했고 싸워왔다.

헨리 데이비드 소로Henry David Thoreau, 마하트마 간디Mahatma Gandhi, 에리히 프롬Erich Fromm 등 시민불복종을 직접 행하거나 이론적인 틀을 만든 이는 여럿이다. 그중에서도 진은 시민불복종에 정당성을 부여하고, 잊히도록 강요당했던 불복종의 역사를 복원하며 평생에 걸쳐 저작과 행동으로 시민불복종의 가치를 끊임없이 전해왔다. 시민불복종이 단순한 범법 행위가 아니라 정의와 양심에 따른 시민들의 직접 행동이자 민주주의를 발전시켜온 원동력이 되었음을 진은 보여주었다.

2016년, 우리는 시민불복종으로 부당한 권력을 끌어내렸다. 시민의 힘으로 민주주의를 올곧게 세웠다. 그러나 민주주의는 언제든 퇴행의 길로 접어들 위험이 있다. 2016년 이후에도 여전히 민주주의를 부정하는 움직임이 계속되고 있는 것만 봐도 알 수 있다. 그때 필요한 게 시민불복종이고, 불복종의 역사를 잊지 않고 기억하는 일이다.

우리에게는 2016년 전에 2008년이 있었고, 1987년과 1980년, 1970년, 1960년, 1919년, 1894년이 있었다. 이 사이에도 무수한 저항의 역사가 있었다. 권력을 차지하고 유지하기 위해 인권을 짓밟고 시민들에게 복종을 강요하고 노동자의 생존을 위협해온 역사도 있지만, 그에 저항해온 역사 또한 분명 존재한다. 그 역사를 기억하는 일, 시민불복종의 가치를 지켜나가는 일, 정치에 대한 무관심을 걷어버리고 시민이 권력을 끊임없이 감시하고 견제하는 일, 그것이 민주주의의 보루임을 이제는 안다.

그런 민주주의를 지켜나가기 위한 행동의 시작으로 하워드 진의 삶을 읽는 것도 나쁘지 않은 선택일 게다. 어쩌면 최선의 선택인지도 모르겠다.

차례

미국의
실체를
눈치채다

─────────

"대한민국은 민주공화국이다. 대한민국의 주권은 국민에게 있고, 모든 권력은 국민으로부터 나온다."

대한민국 헌법 제1조 제1항과 제2항이다. 1972년 박정희 독재정권에 의해 개헌된 유신헌법에서 "대한민국은 민주공화국이다. 대한민국의 주권은 국민에게 있고, 국민은 그 대표자나 국민투표에 의하여 주권을 행사한다"는 문구로 한 차례 바뀌었을 뿐 지금까지 총 9차례의 개헌을 거친 헌법에 빠지지 않고 등장하는 조항이다. 대한민국 헌법은 대한민국이 민주공화국이고 주권은 국민에게 있음을 분명히 천명한다.

그러나 대한민국은 정부 수립 이후부터 헌법을 유린해왔다. 법치국가임에도 권력자들이 법을 지키지 않아서였다. 정권에 불복하는 국민은 집회와 시위의 자유가 있음에도 경찰과 군대에게 무참하게 진압당했고, 부당하게 감옥에 갇혔으며 살해당했다. 국가의 배신이자 법의 배신이었다. 말만 번지르르했을 뿐, 독재정권은 국가와 정권을 동일시하며 국민을 억압해왔다. 주권재민主權在民을 명시한 헌법은 독재 권력과 독재를 닮은 권력에겐, 구색 맞추기에 불과했다.

대한민국은 민주공화국이며, 주권은 국민에게서 나온다는 이 당연하다고 믿었던 권리를 침탈당했을 때의 심경은 어땠을까? 그 박탈감과 배신감은 어느 정도였을까? 국가와 국민을 보호하기 위한 군대의 총에 무참히 살해당하고, 치안을 유지하는 경찰의 차벽에 평화로운 집회가 가로막혔을 때의 심정을 헤아릴 수 있을까?

국민의 생명을 외면하고 권리를 앗아가며 주권자
인 국민을 탄압하는 국가의 실체를 엿보았을 때 터져
나온 '이게 나라냐'라는 성난 외침은 당연한 귀결일
것이다. 버젓이 민주공화국이라고 헌법에 명시되어 있
는 민주주의 국가에 대해 의심하고 회의懷疑할 수밖에
없을 것이다. 그때부터 아마 국가는 이전과는 달리 보
이기 마련일 게다.

진도 그랬다. 어린 시절 진은 한 평화로운 집회 현
장에서 허울뿐인 민주주의 국가의 실체를 깨달았다.
이상과 현실의 괴리라고 하기에는 미국이라는 국가가
국민과 노동자에게 가한 폭력의 정도는 알면 알수록
기함할 만한 것이었다. 진이 미국이 저지른 국가 폭력
과 그들에게 희생된 이들에 대한 역사를 발굴하고 기
록하게 된 것은 어린 시절의 경험과 무관하지 않다.

진은 1922년 8월 24일 뉴욕 브루클린의 유대인
이민자 가정에서 다섯 형제 중 둘째로 태어났다. 그의
형은 5세 때 수막염으로 죽어 4형제가 함께 자랐다.
아버지 에디 진Eddie Zinn은 제1차 세계대전 전에 미국으로 이민을 온 이후 공장 노동자, 웨이터, 유리창 청소부, 넥타이 행상 등 잡일을 하며 가족을 부양했고, 어머니 제니 진Zenny Zinn은 잡일을 하면서 아이들을 돌보며 집안 살림을 했다.

부모는 교육도 제대도 받지 못했다. 아버지는 4학년까지, 어머니는 7학년까지 학교를 다녔다. 부모 모두 열심히 일을 했지만, 진 가족은 바퀴벌레와 쥐가 들끓는 빈민가 아파트를 전전하며 살아야 했다. 공과금을 내지 못해 전기가 끊기는 일이 다반사였고, 집세를 내지 못해 이사를 다녀야 했다. 진 역시 14세 무렵부터 일을 해야 했다. 소위 말하는 '아메리칸드림'은 없었다.

"아버지는 평생 동안 쥐꼬리만 한 보수를 받으며 열심히 일했다. 나는 미국에서는 열심히 일하기만 하면 부자가 된다고 말하는 정치가들과 언론의 논평가들, 기업 중역들의 잘난 체하는 말을 들을 때면 언제나 분개했다. 그 말이 뜻하는 바는, 만약 가난하다면 열심히 일하지 않았기 때문이라는 것이었다. 어느 누구보다도, 은행가나 정치가보다도, 열악한 일자리에서 일하고 있다면 실제로 더욱 열심히 일할 수밖에 없다는 점을 인정한다면, 그 어느 누구보다도 더 열심히 일한 내 아버지와 셀 수조차 없이 많은 다른 사람들, 남자와 여자들을 보면 이 말이 거짓임을 나는 알고 있었다."

진은 누구보다 열심히 일하지만 가난을 벗어나지 못하는 미국의 계급사회에 대해 어린 시절부터 분노했다.

"내가 지니고 있는 계급적 분노는 10대 시절 생겨난 것이다. 열심히 일하며 살아온 사람들이 집세를 내지 못하여 가재도구와 함께 길거리로 내쫓기는 것을 보면서, 경찰봉을 둘러찬 경찰들이 그 일을 감독하고 있는 것을 보면서, 나는 뭔가 아주 크게 잘못되었다는 것을 자각하게 되었다.……나는 그런 일들이 신의 섭리라고는 믿지 않았다. 좀 생각한 뒤에 나는 결론을 내렸다. 그것은 운이 나빠 닥쳐온 우연적 재난이 아니었다. 그것은 인간에 의해 조직적이고 반복적으로 가해지는, 그리고 법에 의해 승인된 재난이었다."

빈부 격차와 소득 격차는 아무리 열심히 일한들 따라잡을 수 없었다. 부자는 더 큰 부자가 되고, 가난한 자는 평생 일을 하는데도 가난에서 벗어나지 못했다. 진의 아버지가 67세에 심장마비로 죽는 날까지 결혼식 행사장과 식당에서 음식 쟁반을 날라야 했던 것처럼 말이다.

진은 어릴 때부터 이 악순환을 어렴풋이 깨닫고 있었다. 훗날 진은 "부유층에게는 보조를, 가난한 이들에게는 자유방임을 적용해온 미국 역사의 관례" 때문에, 즉 부자에게 특혜를 주고, 빈자의 가난을 개인의 책임으로 돌리는 국가의 이중적인 태도 때문에 이러한 재난이 반복되고 있다고 주장하게 된다.

어떻게든 음식을 마련했던 어머니 덕분에 배를 곯지는 않았지만, 진은 어두컴컴하고 좁은 집보다 길거리나 학교 운동장에서 많은 시간을 보냈다. 집에 있을 때는 책을 읽었는데 그가 난생 처음 읽은 책은 8세 때 길거리에서 주운 것이었다. 10세 때부터는 찰스 디킨스Charles Dickens의 소설을 읽었다. 『뉴욕포스트』에 실려 있는 쿠폰을 오려 모으면 적은 돈에 매주 한 권씩 디킨스의 소설을 사볼 수 있었던 것이다. 아들이 책읽기를 좋아하는 걸 알게 된 부모가 쿠폰 행사에 참여했고, 그 덕분에 진은 디킨스 전집을 구해 읽을 수 있었다. 디킨스가 얼마나 인기 있는 작가였는지도 몰랐지만, 진은 디킨스의 작품에 공감하고 열광했다.

"내가 알고 있는 거라곤 그(찰스 디킨스)가 내게 폭풍 같은 감정을 불러일으켰다는 점뿐이었다. 우선은 재산 때문에 부풀려지고 법으로 유지되는 전횡적인 권력에 대한 분노가 솟아났다. 그러나 무엇보다도 가난한 사람들에 대한 가슴에서 우러나오는 공감이 컸다. 나는 올리버 트위스트가 그러했던 것처럼 나 자신을 가난한 사람으로 보지 않았다. 그의 삶이 내 심금을 울렸기 때문에 그의 이야기에 그토록 감동받았다는 사실도 미처 깨닫지 못했다."

읽는 행위는 쓰는 행위로 이어졌다. 진이 노트에 뭔가를 열심히 쓰고 있다는 사실을 알게 된 부모는 13세 생일선물로 타자기를 선물한다. 이때부터 타자기로 독

진은 10세 때부터 읽기 시작한 찰
스 디킨스의 소설에 열광했다. 그의
부모는 『뉴욕포스트』에 실려 있는
쿠폰 행사에 참여해 디킨스 전집을
구해주었다. 만년의 찰스 디킨스.

후감을 남겼는데, 진은 "내가 그 책들을 다 읽고 그에 관해-타자기로-무언가를 쓸 수 있다는 사실만으로도 기쁨과 자부심이 느껴졌다"고 술회한다.

17세가 된 진은 파시즘에 대한 책을 읽었다. 베니토 무솔리니Benito Mussolini의 이탈리아 권력 장악을 다룬 조지 셀즈George Seldes의 『톱밥 카이사르Sawdust Caesar』와 아돌프 히틀러Adolf Hitler 치하의 독일에서 벌어진 일을 자세히 묘사한, 영국 정부에서 발행하는 연례 보고서 『나치 테러에 관한 브라운 북The Brown Book of the Nazi Terror』를 읽으며 진은 파시즘에 분노를 느꼈다.

파시즘에 분노하고, 미국의 빈부 격차에 비판적이었던 진은 자연스럽게 주변에 있던 공산당원들과 교류하게 된다. 소련의 핀란드 침공에 대한 해석에서는 의견을 달리했지만(진은 이를 야만적인 침략 행위라고 규정했다), 반파시스트였던 공산당원들과 거의 의견이 같았기 때문이다.

그때 진은 우연한 기회로 공산주의자들의 시위에 참여하게 된다. 타임스 광장에서 열린 비폭력 시위였고, 차도가 아닌 인도로 질서정연하게 걸으며 피켓을 들고 구호를 외치는 시위였다. 그런데 갑자기 사이렌 소리가 들리면서 기마경찰과 경찰관 수백 명이 시위 대열에 곤봉을 휘두르며 달려들기 시작했다.

"나는 놀라 어쩔 줄을 몰랐다. 여기는 미국이었고, 사람들이 아무 두려움 없이 정부의 모든 잘못에 대해 발언하고 글을 쓰고 집회를 열고 시위를 할 수 있는 나라였다. 헌법에, 권리장전에 그렇게 나와 있었다. 우리나라는 민주주의 국가였다."

미국은 민주주의 국가였다. 이를 믿어 의심치 않았던 진에게, 경찰의 곤봉 세례는 믿을 수 없는 일이었다. 공산주의자 친구들이 말했던 것처럼 "경찰이, 국가가 엄청난 부를 가진 사람들의 명령에 따르고 있었다! 어느 계급에 속해 있느냐에 따라, 누릴 수 있는 언론의 자유와 집회의 자유가 달랐다!" 그렇게 경찰관에게 구타를 당해 의식을 잃었던 젊은 날의 진은 미국의 민주주의에 대해 회의하게 된다.

"머릿속에서는 혹보다 더욱 중요한 고통스러운

생각이 자라나고 있었다. 동네의 젊은 공산주의자들이 옳았던 것이다! 국가와 경찰은 대립하는 이해관계가 다투는 사회에서 중립적인 심판이 아니었다. 그들은 부자와 권력자들 편이었다. 언론의 자유라고? 언론의 자유를 행사할라치면 경찰이 말과 곤봉, 총을 가지고 나타나 저지할 터였다. 그 순간 이래로 나는 이제 더 이상 미국 민주주의의 자기 교정적 성격을 신봉하는 자유주의자가 아니었다. 나는 급진주의자가 되었으며, 이 나라는 무언가 근본적으로 잘못되어 있다-어마어마한 부와 나란히 존재하는 빈곤, 흑인들에 대한 끔찍한 처우만이 아니라 그 뿌리에서부터 썩어 있다는 사실-고 믿게 되었다. 이러한 상황은 새로운 대통령이나 새로운 법률이 아니라, 낡은 질서의 근절과-협력적이며 평화롭고 평등한-새로운 사회의 도입을 필요로 했다."

민주주의 국가를 표방하던 미국에서 표현의 자유는 허락되지 않았다. 더구나 공산주의자들의 시위는 경찰에 의해 봉쇄되었다. 우연히 이 시위에 참가한 진은, 이렇게 국가의 배신을 당했다. 아니 정확히 말하면 미국이라는 나라를 지배하고 있는 권력의 실체를 어렴풋이 눈치챌 수 있었다.

파시즘과의
전쟁에
참전하다

타임스 광장에서 있었던 시위 이후 진은 공산주의와 사회주의에 본격적으로 관심을 갖게 된다. 17~18세 무렵에 읽었던 업턴 싱클레어Upton Sinclair의 『정글The Jungle』과 존 스타인벡John Steinbeck의 『분노의 포도The Grapes of Wrath』도 영향을 끼쳤다. 진은 "나는 정확히 언제부터 싱클레어의 『정글』 마지막에 묘사되어 있는 사회주의를 신봉하기로 결심했는지 기억나지 않는다. 또 언제 『분노의 포도』에서 누군가 말했듯이(기억이 어렴

풋하다), '공산주의자는 사장이 시간당 15센트씩 줄 때 20센트를 달라고 요구하는 사람'이니까 이른바 '공산주의자'를 두려워하지 않으리라 결정했는지도 정확히 기억나지 않는다"고 했지만 이즈음이었을 것이라고 짐작된다.

『공산당 선언Communist Manifesto』과『자본론Capital』 등 카를 마르크스Karl Marx와 프리드리히 엥겔스 Friedrich Engels의 저작을 읽은 것도 큰 영향을 끼쳤다. 진은 "지금까지 존재한 모든 사회의 역사는 계급투쟁의 역사"이며, "근대국가의 행정부는 부르주아지 전체에 공통된 일을 맡아 관리하는 기구에 지나지 않는다"는『공산당 선언』을 읽으며, 자신이 경험한 일이 자본주의의 폐해에 따른 것이었음을 깨닫는다.

아무리 일을 해도 평생 가난에서 벗어나지 못하는 부모와 집세를 낼 수 없어 쫓겨나는 이웃들은 미국 사회가 계급사회임을 여실히 보여주었다. 또 타임스 광장에서 시위자들에게 가해진 경찰의 무차별적인 폭력은 미국의 공권력이 특정 계급을 위해 복무한다는 것을 깨닫게 해주었다. 공산주의는 이런 자본주의의 폐해에 맞서 싸울 무기가 될 수 있었다. 주변의 공산주의자들의 용감한 행동에 감동한 것도 진이 공산주의에 관심을 갖게 된 또 하나의 이유가 되었다. 진은 이 시절을 '나의 공산주의자 시절'이라고 말하면서도 이렇게 선을 긋는다.

"타임스 광장에서의 경험 이후 몇 년은 '나의 공산주의자 시절'이라 불릴 수도 있지만, '공산주의자'란 단어가 이오시프 스탈린의 죽음과 고문의 강제수용소, 언론 자유의 실종, 소련이 만들어낸 공포 분위기와 전율, 사회주의를 가장하며 70년 동안 계속된 추악한 관료주의 등을 떠올리게 하기 때문에 이런 표현은 오해받기 쉽다. 스스로를 공산당원이라 부르던, 내가 아는 노동계급 젊은이들의 생각이나 의도에는 이 중 어느 것도 존재하지 않았다.⋯⋯'공산당원'에 대한 내 이미지는 소련의 관료가 아니라, 어느 날 동료 운전사들을 노동조합으로 조직하려 했다는 이유로 사장이 고용한 폭력배들에게 구타당해 멍이 들고 피를 흘리며 집에 돌아온 택시 운전사인 내 친구 리온의 아버지였다."

진이 말하는 공산주의자는 프란시스코 프랑코 Francisco Franco와 싸우기 위해 스페인으로 향하는 열렬한 반파시스트였고, 약자의 목소리에 가장 먼저 귀를 기울이며, 그들의 권익을 위해 행동하는 사람이었다. 디트로이트, 피츠버그, 노스캐롤라이나, 뉴욕 등에서 노동조합을 결성해 노동자의 권리를 위해 체포와 구금을 무서워하지 않고 싸우는 사람들이었다. 공산주의자들은 진의 이웃이었다.

당시 진은 공산주의 국가인 소련의 실상을 알 수 없었다. 진은 멀리 떨어져 있는 소련을 이상적이고 낭만적으로 바라보았다. "대공황 시절 많은 미국인들이 그랬던 것처럼, 소련이야말로 평등과 정의가 넘치는 미래 사회의 모델이며, 합리적인 생산·분배 계획과 '노동자 국가' 건설의 모범"이라고 믿었던 것이다. 제2차 세계대전 이후 진은 소련의 실상을 알게 되었지만, 사회주의 운동에 대한 신념은 나중에도 버리지 않는다.

"미국에 대한 환멸이 민주주의에 대한 신념을 깎

아내리지 못한 것처럼, 소련에 대한 환상에서 벗어났다고 해서 사회주의에 대한 신념이 줄어든 것은 아니었다. 소련에 대한 환멸은 내 계급의식에, 미국에서 부자와 가난한 사람들이 살아가는 방식의 차이에 대한 의식에, 수천만의 사람들에게 가장 기본적인 생물학적 필수품-음식, 주택, 의료-조차 제공하지 못하는 사회의 부조리에 대한 의식에 영향을 미치지는 못했다."

18세였던 1940년, 실업자였던 진은 브루클린 해군조선소에 취직한다. 3만여 명의 실업자가 몇 백 개의 일자리를 놓고 시험을 보았고, 400명의 응시자가 만점을 받아 취직에 성공했다. 진도 그중 한 명이었다. 주당 40시간을 일하고 주급으로 14달러 40센트를 벌 수 있었던 일자리는 가족의 생계에 큰 도움이 되었다.

진은 초보 선박 조립공으로 전함 'USS아이오와'호를 건조하는 데 투입되었다. 노동 조건은 열악했다. 비좁은 강철 칸막이 사이를 기어 다니며, 강철판을 자르고 용접했다. 겨울에는 얼음장 같은 추위를 견뎠고, 여름에는 정제된 소금을 삼켜가며 뜨거운 강철판 위에서 작업을 해야 했다. 그가 일을 견딜 수 있었던 것은 "꾸준한 급여와 그에 동반되는 한 사람의 노동자라는 자부심, 그리고 아버지처럼 집에 돈을 가져올 수 있다는 사실" 덕분이었다.

또 한편으로 그를 버티게 한 것은 3명의 급진주의자 친구와 초보 노동자 노동조합Apprentice Association을 결성한 일이었다. 당시 해군조선소에는 숙련 노동자들로만 이루어진 직종별 노조는 있었다. 이들 노조는 초보 노동자와 흑인 노동자는 배제하고 백인 숙련공으로만 채워져 있었다. 진은 친구들과 함께 초보 노동자들의 권리를 지키기 위한 노조가 필요하다고 보고, 300여 명이 참여한 노동조합을 조직하고 노조 간부가 된다.

그렇게 해군조선소에서 공무원으로 계속 일하며 병역을 면제받을 수 있었지만, 진은 제2차 세계대전에 참전하기 위해 육군 항공대에 입대한다. 이유는 단 하나, 파시즘과의 싸움을 위해서였다. 진이 보기에 제2차 세계대전은 "인종 우월주의와 군국주의, 광신적 민족주의, 팽창주의에 맞서는 숭고한 성전聖戰이었다".

　사실 진은 군에 입대하기 전 전쟁에 반대하는 입장이었다. 진은 제1차 세계대전을 배경으로 한 돌턴 트럼보Dalton Trumbo의 반전 소설『조니 총을 들다Johnny Got His Guns』를 18세 때 읽고 전쟁에 대한 혐오감을 갖게 되었다. 그런 그가 제2차 세계대전에 참전한 것은 이 전쟁이 "이윤이나 제국을 위한 게 아니라 인민의 전쟁이었으며 말로 표현할 수 없는 파시즘의 야만성에 대항하는 전쟁"이라는 믿음 때문이었다.

　파시즘에 대한 인민의 전쟁이라는 명분에 동의해 진은 육군 항공대에 입대, 육군 소위로 임관해 B-17의 폭격수가 되었다. 그리고 전투에 더 빨리 참가하기 위해 다른 폭격수와 순번을 바꾸기도 했다. 나치는 '악'이었고, 그것은 무력으로만 물리칠 수 있는 것처럼 보였다.

　전쟁이 한창인 와중에도 진은 제2차 세계대전은 정당한 전쟁이라고 믿고 있었다. 그런 믿음을 뒤흔든 것은 다른 승무조의 사수와 나눈 대화였다. 진에게 아서 케

진은 전쟁에 반대하는 입장이
었지만 파시즘과의 싸움을 위
해서 입대했다. 제2차 세계대
전을 일으킨 베니토 무솔리니
와 아돌프 히틀러.

스틀러Arthur Koestler의 『요가 수행자와 인민위원The Yogi and the Commissar』이란 책을 빌려준 이 사수는 제2차 세계대전이 도덕적인 전쟁이 아니라 '제국주의 전쟁'일 뿐이라고 말했다.

"그는 그 전쟁이 '제국주의 전쟁'이며 국가권력을 위해 양 진영이 싸우는 것에 불과하다고 말했다. 영국과 미국이 파시즘에 대항하는 이유는 단지 파시즘이 물적·인적 자원에 대한 자신들의 지배를 위협하기 때문이라는 것이었다. 물론 히틀러는 광적인 독재자요, 침략자였다. 하지만 그렇다면 대영제국과, 그들이 제국의 이익과 영광을 위해 식민지 원주민들을 복종시키고자 벌여온 기나긴 전쟁의 역사는 무엇이라 불러야 할까? 그리고 잔인한 독재국가는 아니었지만, 세계의 노동자계급에 대해서가 아니라 그들 자신의 국가권력에만 관심을 가지고 있었던 소련은?

나는 혼란스러워 그 친구에게 물었다. '그렇다면 자네는 왜 믿지도 않는 전쟁에 뛰어들어 목숨을 위태롭게 하면서까지 출격하고 있나?' 그의 대답은 나를

놀라게 했다. '나는 자네 같은 사람들에게 사실을 말해주기 위해 여기 있네.'

뒷날 나는 그가 사회주의 노동자당의 당원이었음을 알게 되었다. 그들은 전쟁에 반대하면서도 군복무를 회피하는 대신 참전해 기회 있을 때마다 반전 선전 활동을 해야 한다는 신념을 가지고 있었다. 나는 이해하기 어려웠지만 강한 인상을 받았다. 나와 대화를 나눈 2주일 후, 그는 독일로 출격했다가 죽었다."

그와의 대화를 통해 진은 제2차 세계대전의 정당성에 의구심을 갖게 되었다. 또 그가 빌려준 케스틀러의 책을 읽으며 소련에 대한 환상과 낭만적인 동경을 거두고, 소련을 제국주의적 입장에서 바라보기 시작했다.

"케스틀러는 과거 공산주의자였으며 스페인에서 파시즘과 맞서 싸웠던 사람이었다. 그 책은 공산주의자의 이상을 배신한 소련에서 어떤 일이 일어났는지 통렬하고 설득력 있게 고발하고 있었다. 그 책에 들어 있는 사료史料들에 대해서는 반박의 여지가 없을 듯했다. 나는 작가의 헌신성과 지성을 믿었다. 그 일은 소련의 사회주의 혹은 공산주의 모델로서 받아들였던 내가 스스로 그것으로부터 멀어지기 시작하는 계기가 되었다."

제2차 세계대전의 정당성에 의문을 품긴 했지만, 진이 이 문제를 본격적으로 파헤치게 된 것은 전쟁이 끝나고 한참 후였다. 전쟁이 한창이던 때 진은 영국의 기지에서 열성적인 폭격수로 임무를 수행하고 독일과 헝가리, 체코슬로바키아 등의 도시를 폭격했다. 그리고 전쟁이 거의 끝나갈 무렵 대서양에 인접해 있는 프랑스의 작은 소도시 르와양Royan에 '젤리형 가솔린' 폭탄(네이팜탄)을 아무런 의구심도 갖지 않는 채 퍼부었다. 이미 프랑스 대부분이 연합군에 의해 수복된 상태였음에도 진은 의문을 갖지 않았다. 르와양 인근에 고립된 채 종전을 기다리고 있는 독일군 수천 명을 대상으로 한 폭격이라는 게 당시 작전 설명이었다. 그렇게 진이 탄 비행기를 포함해 1,200기의 B-17이 하늘을 가득 뒤덮은 채 르와양에 네이팜탄을 투하했다.

전쟁이 끝나기 불과 3주 전에 이루어진 르와양 폭

격으로 수많은 민간인이 목숨을 잃었고, 도시는 폐허가 되었다. 진은 전쟁이 끝나고 난 뒤 "약 350명의 민간인이 정신이 멍해지거나 상처를 입은 채로……폐허에서 기어 나와, 공습이 '믿을 수 없을 정도로 무시무시한 지옥이었다'고 말했다"는 『뉴욕타임스』에 실린 르와양 폭격 기사를 읽는다. 그러나 폭격 당시는 그 실상을 전혀 알 수 없었다. 진은 자신의 임무를 하고 있을 뿐이었다. 나중에 진은 르와양에 폭격할 아무런 이유가 없었다며 이렇게 말한다.

"이 폭격은 현대전에서 네이팜이 사용된 가장 초기 사례 중의 하나였다. 공습의 이유 하나는 아마도 이 신무기를 시험해보기 위한 것이었을 것이다. 또한 그 무수한 비행기와 잘 훈련된 승무원들이 있으니 그들에게 할 일을 주어야 한다는, 전쟁에서는 그리 유별날 것 없는 동기도 있었다. 또 다른 이유는 지상군에 참여하고 있는 프랑스군 지도자들이 전쟁이 끝나기 전에 무언가 영광된 승리의 맛을 보고 싶어 했다는 데 있다."

1945년 5월 8일 유럽에서 진행된 전쟁은 끝났다.

마지막 폭격 임무를 수행한 진은 수훈장과 종군기장을 받았다. 파시즘과의 전쟁에 참가했다는 자부심도 느꼈다. 그러나 낡은 항공 일지와 스냅사진 등을 정리하며 진은 무심결에 이렇게 적었다. "Naver Again(다시는 안 돼)."

진은 왜 이런 말을 썼는지 모르겠다고 했지만, 전쟁 기간에 뭔가 변화가 일어난 것은 확실해 보였다. 그러나 아직 전쟁은 완전히 끝나지 않은 상태였다. 태평양전쟁이 남아 있었던 것이다. 미국으로 돌아온 진은 30일의 휴가를 보내고 난 뒤엔 태평양 전선에 투입될 예정이었다. 1943년 폭격수로 훈련받던 시기에 결혼한 아내 로즐린 진Roslyn Zinn과 휴가를 보내던 중 진은 "일본 히로시마시에 원자폭탄 투하. 전쟁 종결 예상"이라고 큼지막하게 적힌 신문을 보았다.

"나는 우리가 어떤 반응을 보였는지 정확히 기억하고 있다. 우리는 마냥 행복할 따름이었다. 원자폭탄이 뭔지는 정확히 몰랐지만, 그저 줄곧 사용했던 폭탄보다 좀더 큰 폭탄처럼 보였을 뿐이었다. 이제 나는 태

평양으로 가지 않아도 되고 전쟁은 끝날 것이었으며-
파시즘에 대한 전면적 승리-영원히 집으로 돌아가게
될 것이었다."

　　파시즘에 맞선 '정당한 전쟁'이라고 평가받게 될
제2차 세계대전은 연합군의 승리로 끝났다. 그러나 진
은 나중에 이 전쟁이 과연 징당했는지를 자문하고, 결
코 정당한 전쟁이 아니었다고 주장하게 된다.

정당한
전쟁은
없다

―――――――――

전쟁은 영화의 단골 소재다. 그중에서도 제2차 세계대전을 다룬 영화는 셀 수 없을 정도로 많을 뿐만 아니라 전쟁이 끝난 지 반세기가 훌쩍 지난 지금도 영화로 제작되고 있다. 그 이유가 뭘까? 전쟁은 민간인의 목숨을 빼앗고 문명을 파괴하고 인간성을 말살하는 '악' 그 자체 아니던가.

그럼에도 왜 제2차 세계대전을 다룬 영화가 끊임없이 만들어지는 걸까? 그것은 제2차 세계대전이 파시즘이라는 '악'과 벌인 '정당한 전쟁'이라는 인식 때문이다. 즉, 선한 전쟁이라는 이야기다. 더구나 세계 영화 산업을 주도하는 미국이 승리까지 하지 않았는가. 반인륜적인 전쟁 범죄를 일으킨 수백만의 유대인을 말살한 나치 독일과 동아시아에서 학살을 자행하며 태평양전쟁을 일으킨 일본과 맞서 싸우지 않았는가. 이 때문에 제2차 세계대전을 다룬 영화가 거의 대부분 '정당함', '선함', '정의'와 더불어 '휴머니즘'을 전면에 내세운다.

진은 이를 정면으로 반박했다. 베트남전쟁에 대한 반전운동이 일어나기 시작한 1960년대부터 진은 제2차 세계대전을 일컫는 '좋은 전쟁', '선한 전쟁', '정당한 전쟁'에 의문을 제기하고 비판을 가한다. 진이 보기에 제2차 세계대전은 정당하지 않았다. 하지만 이 전쟁은 나중에 미국이 주도해서 시작한 전쟁과 폭격, 즉 6·25전쟁, 베트남전쟁, 유고슬라비아 폭격, 이라크 전쟁 등에 정당성을 부여하는 배경으로 작용했다. 미국은 전쟁을 일으킬 때마다 제2차 세계대전처럼 정당한 전쟁이라고 명분을 내걸었다. 정당하기에 언제든 전쟁을 일으킬 수 있다는 그 논리에 부합하는, 가장 좋은 선례가 제2차 세계대전이었다.

"파시즘을 몰아내는 건 좋은 대의였다. 하지만 그렇다고 해서 그 전쟁이 의문의 여지가 없는 좋은 전쟁이었다고 결론 내릴 수 있을까? 전쟁은 우리를 타락시켰다. 그렇지 않은가? 전쟁이 낳은 증오는 나치에게만 국한되지 않았다. 우리는 (미국 시민이기도 했던) 일본계 가족들을 강제수용소에 몰아넣었다. 드레스덴과 함부르크, 도쿄, 그리고 마침내는 히로시마와 나가사키를 폭격하면서 우리는 셀 수 없이 많은 무고한 사람들을 죽음으로 몰고 갔다. '잔학 행위'라는 단어가 딱 어울리는 행위였다.……제2차 세계대전이 전 세계인의 사고에 미친 장기적 효과는 치명적이고 심대하다. 그로 인해 제1차 세계대전의 무의미한 살육 이후 철저하게 불신됐던 전쟁은 다시 한번 숭고한 것이 됐다. 게다가 그로 인해 정치 지도자들은 그들이 우리를 어떤 비참한 모험으로 이끌고 가건, 또는 다른 사람들(한반

도에서 2백만 명, 동남아시아에서 최소한 그 정도, 이라크에서 수십만 명)에게 그리고 우리 자신에게 어떤 파괴를 가하건, 제2차 세계대전을 하나의 모델로 활용할 수 있었다."

진은 제2차 세계대전에서 미국과 유럽이 보인 여러 행태를 열거하며 이 전쟁이 결코 '정당한 전쟁'이 아니었다고 주장한다. 그리고 미국이 독일과 이탈리아에서 파시즘이 팽창하고 있을 때 무대응으로 일관했을 뿐만 아니라 이탈리아의 무솔리니 정권이 에티오피아를 침공했을 때 미국 기업들의 이탈리아에 대한 석유 지원을 허용했다는 사실을 밝힌다. 또 나치 독일이 폴란드와 오스트리아를 차례로 침공했을 때도 별다른 반응을 보이지 않았다고 주장한다. 즉, 전쟁이 발발할 위험이 있었는데도 영국과 프랑스, 미국은 초기에 전혀 대응하지 않았다는 이야기다.

진은 미국과 영국이 유대인을 구하기 위해 어떠한 조치도 취하지 않았다는 것을 밝혀내며, 제2차 세계대전이 유대인을 구하기 위한 전쟁이 아니었다고 주장한다(1942년부터 미국과 영국 정부는 유대인들의 목숨이 위협받고 있다는 사실을 알고 있었다). 미 국무부는 1942년에 이미 150만 명의 유대인이 독일군 점령 지역에서 학살되었다는 정보를 입수했음에도 별다른 조치를 취하지 않았으며, 영국 또한 마찬가지였다는 것이다.

진은 연합군이 아무런 조치를 취하지 않은 게 나치 독일에 유대인을 학살해도 괜찮다는 신호를 보낸 것과 마찬가지라고 주장한다. 유럽의 유대인은 철저히 고립되어 있었고, 방치되어 있었다. 아무도 관심을 기울이지 않는 상태에서 유대인 학살은 끝없이 자행되었다. 진은 미국과 영국이 유대인을 모두 다 구할 수는 없었겠지만, 아우슈비츠로 향하는 철로를 폭격하는 등의 조치를 취해 유대인 강제 이주가 학살로 이어지는 것을 막으려 노력할 수 있었다고 주장한다. 그러나 유대인을 구하는 것은 전쟁의 우선순위가 아니었다.

진은 제2차 세계대전이 민족자결을 위한 전쟁도 아니었다고 주장한다. 1941년 8월 14일 윈스턴 처칠Winston Churchill과 프랭클린 루스벨트Franklin Roosevelt가

베트남전쟁에 대한 반전운동이 일어나기 시작한 1960년대부터 진은 제2차 세계대전은 '정당한 전쟁'이 아니었다고 비판했다. 대서양 해상의 영국 군함 프린스 오브 웨일스호號에서 회담한 후 대서양 헌장을 발표한 루스벨트(왼쪽)와 처칠(오른쪽).

만나 대서양 헌장을 발표하면서 두 나라는 "모든 나라 국민이 자신들이 살아갈 정부의 형태를 선택할 권리"를 존중한다고 공언했다. 그러나 미국은 이미 2주일 전에 인도차이나를 식민지로 삼고 있던 프랑스의 권리(?)를 존중한다고 보증했다. 진은 제2차 세계대전이 인도주의를 위한 전쟁도 아니었다며 이렇게 말한다.

"히틀러와 무솔리니, 도조(도조 히데키) 정부를 쓰러뜨리는 것이 목표의 하나였음은 분명하다. 그러나 그에 대한 갈망이 과연 인도주의적인 이유 때문이었을까, 아니면 그 정권들이 국제무대에서 연합국이 차지하는 지위를 위협했기 때문이었을까?……역사에서 되풀이되었듯이, 파시즘에 맞선 정당한 전쟁이라는 후광 뒤에 숨겨져 있는 정부의 동기는 대체로 국가의 세력 확대와 부유한 엘리트들의 좀더 많은 이익 그리고 정치 지도자들의 더욱 강력한 권력을 위한 것이었다."

진은 "만약 2차 세계대전이 정말로 도덕적인 목적을 위한 전쟁, 우수 인종과 열등 인종 운운하는 나치의 이념에 대항하는 전쟁이었다면, 미국 정부도 국내의 인종차별 정책을 철폐하는 행동을 보여주었어야 할 것"이라며, 제2차 세계대전이 인종차별주의에 대항하는 전쟁이 아니었다고 주장한다.

미국 본토는 물론 군대 내에서 인종분리는 일상적으로 이루어졌고, 미국은 태평양전쟁이 발발한 뒤에는 일본계 미국인을 강제수용소로 보냈다. 영국도 독일식 이름을 가진 사람들을 추려내어 격리시켰는데, 이 중에는 유대인 피란민도 포함되어 있었다. 또 이탈리아가 참전하자 처칠은 영국에 거주하는 이탈리아인들을 체포하도록 명령했고, 수천 명의 이탈리아인이 체포·격리되었다. 이탈리아인 수용자들을 캐나다로 실어 나르던 영국 선박 한 척이 독일 잠수함에 격침되어 전원 사망하는 일도 있었다.

제2차 세계대전은 자유와 민주주의를 위한 전쟁이라고 보기도 어려웠다. 미국 내에서 전쟁을 비판하는 목소리는 법에 의해 제재되었다. 표현의 자유는 묵살당했다. 또 전쟁을 기회로 일부 미국 기업의 부는 급속하게 늘어났다.

제2차 세계대전은 수많은 민간인이 학살당한 전쟁이었다. 물론 전쟁을 일으킨 전범국이 저지른 학살이 더 끔찍한 것이었지만, 진은 연합군에 의해 초래된 죽음도 대규모였다며, 그 정당성에 의문을 제기한다.

"전쟁의 양 당사자가 똑같이 잔학 행위를 저지른다면 그 전쟁이 정당하다는 주장은 설득력을 얻기 어렵다. 어느 한쪽이 상대방의 잔학 행위가 자신들보다 더 심하다고 주장하지 않는 한 말이다. 실제로 2차 대전 중 연합군 측이 저지른 어떤 행위도, 600만의 유대인과 그 밖의 400만의 인간 생명을 고의로 가스, 총 그리고 불로 태워 죽인 나치의 극악한 죄악에는 미치지 못한다. 연합군에 의해 초래된 죽음은 이보다는 적다. 그러나 그것 역시 대규모였기 때문에, 그런 행위를 초래한 전쟁이 과연 정당한가 하는 의문이 생기지 않을 수 없다."

전쟁이 끝나갈 무렵인 1945년 2월 미국과 영국 항공기의 독일 드레스덴 폭격으로 10만 명 이상이 죽었다. 1945년 3월 10일 소이탄을 퍼부은 도쿄 공습으로

100만 명 이상이 집을 잃었고, 10만 명이 죽은 것으로 추정되었다. 1945년 8월 6일에는 히로시마에, 8월 9일에는 나가사키에 원자폭탄이 투하되었다. 히로시마에서는 대략 14만 명이, 나가사키에서는 7만 명이 죽었다. 그 후 이 두 지역에서 5년간 13만 명이 더 죽었고 수만 명의 사람이 피폭으로 불구가 되었다. 원자폭탄을 사용한 명분은 미군의 인명 손실을 최소화하면서 전쟁에 승리하기 위해서라는 것이었다.

그러나 미국은 당시 일본의 항복 의사를 알고 있었다. 원자폭탄을 사용하지 않고도 전쟁을 종식시킬 수 있었던 것이다. 그럼에도 미국은 두 차례에 걸쳐 원자폭탄을 사용했다. 왜? 소련에 힘을 과시하기 위해, 소련을 더 다루기 쉽게 하기 위해, 미국의 국가적 위신을 강화하기 위해서였다. 그 정치적인 목적으로 수십만 명의 사람이 죽임을 당한 것이다. 그런데도 당시 미국의 해리 트루먼Harry Truman 대통령은 원자폭탄을 투하한 후 "세계는 이 최초의 원자폭탄이 군사기지인 히로시마에 투하되었다는 점을 주목할 것이다. 우리가 이 첫 번째 공격에서 가능한 한 민간인의 살상을 피하고자 했기 때문이다"라고 말했다.

원자폭탄이 민간인과 군인을 가려가며 죽이는 건지 의문이다. 또 정밀 폭격이 가능한지도 의문이다. 민간인의 살상을 피하기 위한다는 명분으로 민간인을 더 죽이게 되는, 또 폭격으로 민간인이 죽었을 때 이를 '부수적 피해'라고 주장하는 것은 미국이 참여한 전쟁이나 폭격에서 끊임없이 반복된다.

아울러 진은 파시즘을 물리친다는 명분을 내걸었지만, 과연 제2차 세계대전으로 파시즘이 없어졌는지도 의문이라고 말한다.

"제2차 세계대전에서 5백만 명이 희생되었다고 했다. 그러면서 히틀러를 제거하고 일본의 군부와 무솔리니를 물리쳤다. 그러나 진정 우리는 파시즘을 세계에서 멸종시켰는가? 파시즘의 핵심인 군사주의를 없앴는가? 파시즘의 유대인 학살을 가져왔던 인종주의는 또 어떤가? 히틀러가 전쟁을 일으켰다고 분노했는데, 전쟁은 이로써 사라지게 되었는가? 아니지 않는가? 이후 우리는 수많은 전쟁을 계속했으니, 도대체 그 5백만 명의 희생은 무엇을 위한 것이었단 말인가?"

　제2차 세계대전이 남긴 유산은 더욱 끔찍한 결과를 초래했다. 전쟁이 정당할 수 있다는 것을 유산처럼 남겼기 때문이다. 진이 우려한 것은 바로 이 점이었다. 진은 제2차 세계대전이 가져온 최악의 결과는 전쟁이 정당화될 수 있다는 생각을 존속시켜주었다는 점이라고 말한다. 그렇게 '정당한'이란 명분을 내걸고 전쟁을 벌인 결과는 이런 것이었다.

　"금세기 들어 '모든 전쟁을 종식시키기 위한' 전쟁이라던 1차 대전에서 1천만 명이 죽었고, '침략을 저지하고 파시즘을 패퇴시키기' 위한 2차 대전에서는 4천만 내지 5천만 명이 죽었다. '공산주의를 저지하기 위해' 한국에선 200만이 죽었고, 베트남에서는 100만 내지 200만이 죽었다. '명예'와 여타 확연치 않은 목적을 위해 100만 명이 이란-이라크 전쟁에서 죽었다. 아프가니스탄에서는 어느 쪽 말을 믿느냐에 따라 봉건주의도 될 수 있고 공산주의도 될 수 있는 그런 것을 저지하기 위해 100만 명이 죽었다."

선한 쪽이 악한 쪽을 벌한다는 선악 논리를 내세워 미국은 제2차 세계대전 이후 6·25전쟁(1950~1953), 베트남전쟁(1964~1975), 그라나다 침공(1983), 파나마 침공(1989), 걸프 전쟁(1990~1991), 유고슬라비아 폭격(1999), 아프가니스탄 전쟁(2001~현재), 이라크 전쟁(2003~2017)에 이르기까지 끊임없이 전쟁을 벌였다. 세계에서 가장 전쟁을 자주 또 많이 일으키는 나라가 된 것이다.

진은 자유와 민주주의를 비롯한 어떤 명분을 내걸어도 전쟁은 결코 받아들일 수 없다고 주장한다. 제2차 세계대전 이후 미국은 전 세계에서 '자유'와 '민주주의', '평화' 등을 내걸고 전쟁을 벌였지만 무수히 많은 사람을 죽이거나 다치게 만들고, 난민을 양산시켰으며, 다른 국가를 혼란 속으로 밀어넣었을 뿐이다. 그 바탕이 된 게 바로 '정당한 전쟁'이라는 명분을 내건 제2차 세계대전이었던 것이다.

그러니 이제는 진의 말처럼 "제2차 세계대전을 전

체적으로 조망해보면서, 또 그 전쟁이 만들어낸 세계와 우리 세기를 사로잡고 있는 공포를 바라보면서, 정당한 전쟁이라는 생각을 영원히 묻어버려야 하지 않을까?"

인종차별에
눈뜨다

전쟁은 끝났다. 제2차 세계대전 때 장교로 복무했던 진은 다시 노동계급이 되었다. 몇 백 달러의 제대금과 훈장을 받고 돌아왔지만, 그가 갈 곳은 뉴욕 브루클린 빈민가의 지하 아파트 말고는 없었다. 이곳에서 진은 신혼 생활을 시작했고, 어느덧 두 아이의 아빠가 된다. 그러나 마땅한 일자리가 없었다. 군대에 있을 때는 장교였고, 중요한 인물처럼 여겨졌지만 일상으로 돌아온 진은 웨이터로 일하거나 수로水路와 양조장에서 일하는 노동자로 살아가야 했다.

그러다 27세의 나이에 뉴욕대학에서 공부를 시작했다. '제대군인 원호법GI Bill' 덕분이었다. 1944년에 제정된 '제대군인 원호법'은 제대한 군인에게 대학 교육비와 주택 자금 등을 국가에서 지급하는 것으로, 진에게는 큰 도움이 되었다. 살아남을 수 있었다고 말할 정도로 말이다.

"제대군인 원호법으로 4년 동안 무상 대학 교육과 매월 120달러씩을 받을 수 있었고, 그래서 아내는 파트타임 일을 하고 마일라와 제프는 보육원에 맡기고 나도 방과 후에 야간 교대조로 일을 하면서 우리는 살아남을 수 있었다."

진은 학교를 다니면서도 생활비를 벌기 위해 오후 4시부터 자정까지 맨해튼의 지하 창고에서 옷이 가득 담긴 박스를 트레일러에 싣는 일을 했고, 로즐린도 파트타임으로 비서 일을 해야 했다. 짐을 들다 허리를 다친 이후로는 이 대학 저 대학에서 시간강사 생활을 하며 돈을 벌었다.

뉴욕대학을 졸업한 이후 진은 컬럼비아대학 대학원에 진학해 역사 전공에 경제학 부전공으로 석사학위를 받았고, 이어서 역사 전공에 정치학 부전공으로 박사학위를 취득했다. 제대군인 원호법으로 그나마 조금 나아진 생활을 할 수 있었지만, 아이 둘을 키우며 삶을 꾸려가는 것은 힘든 일이었다.

"아이들은 이따금 학교를 방문하는 선량한 부유층 여성들-그들은 한결같이 큰 키에 엘리너 루스벨트 같은 생김새였다-이 후원하는 저소득층 대상 보육학교에 다녔다. 각자의 목적지로 도망치듯 출근할 때마다, 달랠 길 없이 울어대는 두 살짜리 아이를 보육학교에 보내던 첫 날의 상처를 우리는 되풀이해서 겪곤 했다. 아들 제프를 데리러 간 어느 날 오후, 내가 오는 걸 본 아이는 교문을 향해 제 힘껏 달려오다 교문 빗장 사이에 머리가 끼어버렸다. 소방관이 오고 지렛대를 쓰고서도 10분이 지나서야 아이를 구할 수 있었다."

제대군인 원호법이 없었다면 이런 생활조차 쉽지 않았을 테다. 제대로 된 일자리조차 구하기 힘든 상황이었으니 공부는 언감생심이었을 게다. 그래서 진은 국가에서 기업을 지원하는 것보다 공적자금을 투입해 빈민들이 최소한의 생활을 꾸려갈 수 있도록 하는 시스템이 필요하다고 끊임없이 주장한다. 얼마 되지 않은 그 공적자금으로 가난한 자들의 삶이 달라지는 것을 그 자신이 체험했기 때문이다.

박사과정까지 마치고 시간강사 생활을 하던 진은 1956년 교수가 된다. 노동자의 아들로 태어나 조선소 노동자로, 또 열악한 일자리를 전전하며 살다가 교수가 된 것은 신분 상승으로 볼 수 있었지만, 진은 단 한 번도 계급의식을 버리지 않았다고 말한다.

"내 인생의 첫 33년 동안 나를 둘러싼 세계는 이런 모습이었다-실업과 열악한 일자리의 세계, 대부분의 시간을 비좁고 지저분한 곳에서 살면서 두 살, 세 살짜리를 다른 사람들의 손에 맡기고 학교나 직장에 나가야 했고, 아이들이 아파도 돈이 넉넉하지 않아서 개인 의사에게 데려가지 못하고 시간을 끌다 결국은 종합병원 인턴들의 손에 맡겨야만 했던 나와 아내의

세계. 전 세계에서 가장 부유한 이 나라에서조차 절대
다수의 국민들은 이런 식으로 살아가고 있다. 그리고
적절한 학위를 갖추고 나서 그 세계를 빠져나와 대학
교수가 된 후에도, 나는 결코 그 세계를 잊지 않았다.
나는 한 번도 계급의식을 버리지 않았다."

한 번도 계급의식을 버리지 않았다는 진의 말은
이후 인간다운 삶을 살지 못하는 이들과 연대해 사회
를 바꾸기 위해 직접 행동으로 나선 그의 행보에서 여
실히 증명된다. 그 첫 행보가 인종차별과 싸우는 일이
었다. 그 기회는 우연찮게 찾아왔다.

1956년 진은 미국 남부 조지아주 애틀랜타에 있
는 흑인 여자대학 스펠먼대학에 부임한다. 마침 그곳
에 일자리가 생겼기 때문이다. 인종차별 의식이 뿌리
깊었던 당시 미국에서 백인이 흑인 대학에 가는 것은
흔치 않은 일이었고, 피해야 할 일이었다. 그러나 진은
어린 시절 읽었던 책들, 즉 『정글』, 『분노의 포도』, 리
처드 라이트Richard Wright의 『토박이Native Son』를 통해
인종차별과 계급 억압이 서로 얽혀 있다는 사실을 깨

흑인 여자대학의 교수가 된 후 직간접적으로 남부 백인들의 뿌리 깊고 적대적인 인종차별과 맞닥뜨렸던 진은 이후 인종차별을 가슴으로 받아들이게 되었다. 1956년부터 진이 교수 생활을 시작한 스펠먼대학.

닫고 있었다.

또 해군조선소에서 흑인 노동자들이 백인 숙련공으로 이루어진 노조에 들어가지도 못하고, 제2차 세계대전에 참전한 흑인 병사들이 인종분리에 따라 차별적인 대우를 받는 것을 알고 있었다. 진은 진작부터 인종차별이 부당하다고 생각하고 있었다. 그러나 이를 실제로 경험하는 것은 전혀 다른 문제였다. 진은 인종차별의 실상을 스펠먼대학에서 경험하게 된다.

흑인 대학에 가는 것에 대해 진은 별 거부감을 느끼지 못했다. 그냥 일자리라는 게 그의 생각이었다. 그러나 애틀랜타에 도착해 집을 구하러 다니면서 진은 남부 백인들의 뿌리 깊고 적대적인 인종차별과 맞닥뜨린다. 스펠먼대학에서 일한다고 하면 집을 구할 수가 없었던 것이다.

흑인 학생들을 가르치며 진은 흑인들이 받았던 끔찍하고 잔인한 인종차별을 직·간접적으로 경험한다. 백인과 흑인은 식당에서든, 버스에서든 자리가 구별되어 있었다. 심지어 흑인이 백인과 함께 길을 걸을 때는 백인의 하인이라는 식으로 행동하지 않으면 길거리 분위기가 싸늘해지기까지 했다.

진이 처음 가르친 한 학생은 갓 태어난 쌍둥이 동생이 인큐베이터가 비어 있었음에도 '백인 전용'이라는 이유로 이를 이용하지 못해 죽었던 이야기를 전했다. 또 다른 학생은 버스에서 백인 여성 옆자리에 있었다는 이유만으로 저주를 받아야 했던 경험을 털어놓았다. 진은 분노했다.

"가난하게 자라나 조선소에서 일하고 전쟁까지 겪은 내 삶의 사건들은, 재산이나 군사적 힘, 사회적 지위를 이용해서 다른 이들을 억누르는 이 세계의 깡패들에 대한 분노를 키워주었다. 그리고 나는 사람들이 출생의 우연으로, 단지 피부색을 이유로 열등한 존재로 대접받는 상황의 한가운데 서 있었다. 백인 교사인 내가 앞장서서 이끌어선 안 된다는 점은 알고 있었다. 그러나 나는 학생들이 바라는 어떤 일에든 개방적이었고, 강의실 바깥에서 그토록 많은 일들이 경각에 달려 있는 상황에서 선생은 교실에서 가르치는 일에만 집중해야 한다는 생각을 거부했다."

그렇게 진은 머리로만 알고 있던 인종차별을 가슴으로 받아들이게 되었고, 학생들과 함께 행동에 나선다. 그 행동은 작은 것이었지만, 훗날 큰 물결로 번지게 될 것이었다.

민권운동에
나서다

진이 스펠먼대학에 부임한 시기는 마침 미국 남부에서 민권운동이 발아發芽하기 시작한 때였다. 민권운동에 참여하며 진은 연방정부와 사법부가 먼저 나서서 흑인들의 인권을 옹호하고 투표권을 보장하는 법을 제정하거나 그에 부합하는 판결을 내리지 않았다는 것을 발견했다. 또 인종차별을 금지하는 법이 있었지만, 현실에서는 인종분리가 너무나 당연하게 이루어지고 있다는 것을 몸소 경험한다.

그러나 인종차별과 인종분리는 법에 위반되는 것이었다. 흑인들의 유권자 등록을 막는 행위 역시 마찬가지였다. 그러나 법은 유명무실했다. 노예해방이 선언된 지 100년 가까이 되었지만, 흑인들은 여전히 백인들의 차별과 폭력에 노출되어 있었다. 노예제도 폐지 운동의 압력과 남북전쟁 당시 남부 연합에 대한 군사적 필요 때문에 링컨은 1863년 노예해방을 선언했지만, 인종차별에 실질적으로 영향을 끼치지 못했다.

오히려 그 이후에 노예제도를 종식시키기 위해 미국 시민 40만여 명이 서명한 서명서가 하원에 전달되었고, 1865년 1월 미국 하원은 헌법 수정조항 제13조를 통과시켜 노예제도가 헌법에 위배된다고 선언했다. 시민들이 직접 나서서 서명서를 전달하며 압력을 가하고 나서야 노예제도가 헌법에 위배된다는 판결을 받을 수 있었던 것이다. 진은 이것을 "13년간의 반노예제 싸움과 4년간의 피비린내 나는 전쟁의 대가"라고 판단했다.

그러나 흑인에 대한 린치와 폭력, 인종분리와 인

종차별은 사라지지 않았다. 1868년 남북전쟁의 결과로 탄생한 헌법 수정조항 제14조는 '법의 평등한 보호'를 선언하고 흑인들의 투표권을 인정했지만, 남부에서 이 법은 무시되었다. 선거인 등록조차 못하게 했던 것이다. 흑인들은 그렇게 오랫동안 시민으로서 권리를 제대로 누리지 못했다. 그러다 1954년 공립학교에서 흑백 분리를 위헌으로 판결한 '브라운 대 토피카 교육위원회Brown v. Board of Education of Topeka' 사건과 1955년 12월 앨라배마주 몽고메리에서 로자 파크스Rosa Parks가 시작한 버스 보이콧 운동으로 오랫동안 쌓였던 흑인들의 분노가 민권운동으로 촉발되기에 이르렀다.

출퇴근길에 수많은 흑인이 버스를 타지 않고 걸어 다녔던 버스 보이콧 운동이 시작된 지 1년이 지난 1956년 11월, 대법원은 지역 버스노선에서 인종차별 정책을 불법으로 규정했다. 그러나 식당과 호텔, 법정을 비롯한 공공장소에서 인종분리는 여전했다. 이에 1960년부터 남부 100개 도시에서 '앉아 있기 운동

sit-in movement'이 시작되었고, 50만 명 이상이 참여해 3,600여 명의 시위자가 감옥에 갇혔다.

이보다 앞선 1959년 진은 학생들과 앉아 있기 운동을 벌였다. 자신이 자문 교수로 있던 스펠먼대학 사회과학 동아리에 사회 변화에 영향을 미치는 실질적인 행동을 펼쳐보면 어떻겠냐는 제안을 했고, 공공 도서관에서 인종분리에 관해 뭔가를 해보는 게 어떻겠냐는 한 학생의 아이디어가 채택되어 학생들과 함께 직접 행동에 나섰던 것이다.

"그것은 비폭력 습격이었다. 모두가 빤히 바라보는 가운데 흑인 학생들이 카네기도서관에 들어가서 존 로크의 『인간 지성에 관한 시론』이나 존 스튜어트 밀의 『자유론』, 톰 페인의 『상식』 등을 신청하기로 했다. 둘러대는 답변('너희 흑인 창구로 책을 보내겠다')을 듣고 쫓겨나면 다시 돌아가서 독립선언서나 미국 헌법, 또는 신경질적인 사서를 불편하게 만들 수 있는 어떤 책이든 다시 대출을 신청했다. 도서관들에 대한 압박은 계속 고조되었다. 우리는 다음 차례는 소송이라고 알려줬다."

백인과 흑인이 이용하는 공공시설이 분리되어 있고, 좌석 또한 구별되어 있던 때 스펠먼대학 학생들의 앉아 있기 운동은 지역사회에 큰 반향을 일으켰고, 백인들은 이에 반발했다. 학생들은 식당과 극장, 도서관 등의 백인 전용 좌석에서 앉아 있기 운동을 벌였고, 끊임없이 경찰에 연행되었다. 진 부부도 흑인 학생들과 함께 식당에서 앉아 있기 운동을 펼쳤다.

그의 집에서는 연일 학생들의 모임이 개최되었다. 진은 학생들을 지원하기에 여념이 없었고 남부 전역에서 펼쳐지고 있던 학생 비폭력 조정 위원회Student Nonviolent Coordinating Committee의 민권운동에 참여하게 된다. 그 결과 처음에는 공공 도서관이, 1961년 무렵에는 애틀랜타의 수많은 식당이 인종분리를 없애게 되었다.

민권운동은 서서히 미국 남부 전역으로 퍼져갔다. 1961년 봄부터는 인종평등회의Congress of Racial Equality에서 백인과 흑인이 함께 버스를 타고 남부를 돌아다

자신의 집에서 학생들의 모임을 개최하는 등 진은 학생들과 함께 인종차별 철폐 운동을 적극적으로 지원했으며, 남부 전역에서 펼쳐지고 있던 학생 비폭력 조정 위원회의 민권운동에 참여했다. 1965년 3월 17일 몽고메리에서 가두시위를 하고 있는 흑인 학생들.

니는 '프리덤 라이드Freedom Ride' 운동이 시작된다. 이
버스는 가는 곳마다 린치의 목표가 되었지만 프리덤
라이드는 계속되었다. 그리고 1961~1962년 올버니,
1963년 셀마에서 유권자 등록 운동이 연이어 벌어졌
다. 그 역사적인 현장에 진도 참여했다.

1962년에 진은 미국 남동부에 있는 조지아주의
소도시 올버니Albany로 향한다. 조지아주 애틀랜타 지
역의 연구 그룹인 '남부 지역 위원회Southern Regional
Council'의 요청에 따라, 1961~1962년 올버니에서 발
생한 인종차별주의에 항거하는 흑인들의 대규모 시위
상황을 파악해 보고하기 위해서였다.

그곳에서 진이 목도한 것은 흑인 시위자들을 대상
으로 한 주정부의 폭력과 인종차별의 야만성, 그것을
손 놓고 바라만 보고 있는 연방정부의 직무유기였다.
진은 3명의 아이와 함께 구치소의 누군가에게 음식을
갖다 주려 한 임신 6개월이 된 여성을 보안관보補가 걷
어차 뱃속의 아이를 잃어야 했던 사례를 들며, 이 모든
일이 벌어질 때 과연 미국 정부는 어디에 있었는지를

되묻는다. 연방정부는 명백한 범죄가 눈앞에서 자행되고 있는데도 침묵으로 일관할 뿐이었다.

"나는 헌법을 가르치고 있었지만, 미국 헌법 수정조항 제1조와 14조-언론의 자유, 집회의 자유, 법의 평등한 보호-가 올버니에서 거듭해서 위반되고 있다는 사실(내가 아는 것만도 적어도 30차례 그러한 위반이 있었다)을 아는 데는 그리 전문적 지식이 필요치 않았다. 그러나-헌법을 떠받들겠다고 선서한-대통령과 그가 마음대로 움직일 수 있는 미국의 모든 정부 기관들은 어디에서도 보이지 않았다.……나는 헌법 수정조항 제14조를 통과시킨 남북전쟁 이후의 법률에 의하여 어떤 관료든 시민의 헌법상의 권리를 침해할 경우 연방 범죄가 된다는 사실을 알고 있었다. 이 나라 수도에서는 자유주의적인 민주당 행정부가 최근 취임한 상태였다. 존 F. 케네디가 대통령이었고 로버트 F. 케네디가 법무부를 총괄하는 법무장관으로서 연방법의 집행을 책임지고 있었다. 그러나 조지아주 올버니에서는 그 집행이 이루어지지 않았다."

진이 '남부 지역 위원회'에 제출한 보고서는 『뉴욕 타임스』1면에 보도되었다. 또, 미국의 저명한 독립 언론인 이사도어 스톤Isador F. Stone이 발행하던 『I. F. 스톤의 주간신문』과 『네이션』에는 올버니 사태에 대한 진의 글이 실렸다.

이렇게 민권운동에 참여해 활동을 이어가던 진은 대학 당국, 특히 총장과 끊임없이 갈등을 빚었다. 학생들을 선동한다는 게 이유였다. 1963년 여름방학 때, 역사학과 학과장이자 종신 재직권을 갖고 있었지만, 일방적으로 해고당했다. 소송을 할 수도 있었지만, 시간을 허비할 수 없다는 생각에 소송을 제기하지 않았다.

그렇게 스펠먼대학에서 보낸 7년 동안 진은 큰 행동에 앞선 작은 행동들이 중요하다는 사실을, 또 아무리 작은 저항 행동이라도 사회 변화의 보이지 않는 뿌리가 될 수 있다는 점을 깨닫게 된다. 그것은 1963년 11월, 수많은 위협과 폭력 속에서 흑인 유권자 등록 운동이 펼쳐지고 있던 앨라배마주의 셀마Selma에서도 확인할 수 있었던 사실이다. 학생 비폭력 조정 위원회의 자문위원으로 셀마로 간 진은 연방정부가 제대로 역할을 하고 있지 않는 가운데에서도 비폭력 직접 행동nonviolent direct action으로 유권자 등록을 위해 평화롭게 행진하고, 하루 종일 유권자 등록을 기다리는 흑인들을 보았다.

진은 올버니와 셀마에서 겪은 경험을 통해 "역사라고 불리는 것들의 상당 부분이 어떻게 보통 사람들의 현실-그들의 투쟁, 그들의 감춰진 힘-을 등한시하는지를 이해하기 시작했다". 또 민권운동이 "사람들이 통례적인 힘의 속성-돈, 정치권력, 물리력-을 갖고 있지 않더라도, 억압된 분노와 용기, 국민적 요구에 대한 열망으로부터 힘을 탄생시킬 수 있음을, 그리고 충분한 수의 사람들이 그러한 목적에 자신들의 몸과 마음을 바친다면 승리할 수 있음을 입증시켜주었다"고 말한다.

진의 말처럼 흑인을 비롯해 민권운동에 참여한 백인 시민들은 끊임없이 저항했고, 저항의 결과로 승리를 쟁취했다. 1963년 봄에는 앨라배마주 버밍햄에서 수천 명의 어린이가 거리를 행진하는 시위가 일어났다. 소방 호스에서 뿜어져 나오는 세찬 물살에 아이들이 떠밀려 다쳤고, 경찰견에 물어뜯기기도 하는 등 경찰은 이 시위를 잔학하게 진압했고, 이 사건은 전 세계에 알려졌다. 이런 시위가 있고 나서야, 미국 정부는 1964년 '민권법'을 제정한다. 민권법은 공공장소에서 인종차별을 불법화하고 고용 평등과 투표권 행사에서 연방정부가 한층 강화된 조치를 취할 수 있게끔 했다.

하지만 흑인들의 투표권은 여전히 제대로 보장되지 못했다. 그래서 1965년 3월 7일 셀마에서 마틴 루서 킹Martin Luther King이 참여한 유권자 등록을 위한 행진이 벌어졌다. 이때는 경찰이 아닌 주 방위군이 나섰다. 주 방위군은 곤봉을 휘두르며 이들을 잔인하게 진압했고, 시위자 중 한 명이 주 방위군이 쏜 총에 사망했으며, 백인들이 곤봉으로 무자비하게 폭행한 나머지 북부에서 온 백인 목사가 살해되기도 했다. 셀마 시위는 인종차별의 전례가 있는 지역에서 흑인들이 선거인 등록을 할 때 인종주의자 등록관의 관리를 받지 않

도록 한, 1965년의 '투표권법Voting Rights Act' 제정으로
이어졌다.

그 후에도 인종차별은 쉽게 불식되지 않았지만,
어쨌든 조금씩 세상은 변해가고 있었다. 진은 인종차
별 철폐를 위한 이런 제도적 장치가 마련되고, 서서히
세상이 변하게 된 것을 시민들의 직접 행동에 따른 결
과로 보았다.

"미국 흑인들(또한 인디언과 여성, 히스패닉, 가난한
자들)의 경험은 우리 모두에게 가르쳐주고 있다. 어떤
헌법도, 어떤 권리장전이나 투표 형식, 어떤 법안도 우
리에게 평화나 정의, 평등을 보장해주지 못한다. 그것
을 얻기 위해서는 부단히 투쟁해야 하고, 시민 사이의
토론을 계속해야 하며, 끝없이 조직화하고 운동해야
하고, 현재 법의 절차와 형식이 뭐라고 약속하든지 안
주하지 말고 압력을 가해야 한다.……역사를 움직여온
것은 대의를 위해 결속하여 위험을 같이 겪고 희생을
함께해온 민중들의 직접 행동이었다."

시민불봉족으로
저항하다

———————

1960년대의 민권운동을 통해 진은 '저항'의 의미를
새롭게 다지기 시작했다. 민주주의는 거저 얻어지는
게 아니었다. 인간답게 살 권리 역시 마찬가지였다. 민
주주의와 시민의 권리를 찾기 위해서는 정부에 저항
하고 법에 맞서 싸워야 했다. 그래야만 조금씩이나마
인간답게 살 권리를 획득할 수 있었다. 잘못된 정부 정
책을 돌려세우는 일에도 저항이 필요했다. 소수의 권
력자가 다수의 시민을 죽음으로 몰아가는 전쟁을 저

지하는 것 역시 시민의 직접 행동이 필요한 일이었다. 그렇게 진은 또 다른 싸움을 준비한다.

1960년대 미국의 시민사회는 흑인 민권운동과 더불어 반전운동에 나서게 된다. 보스턴대학의 교수직 제안으로 1964년 자리를 옮긴 진은 이때부터 반전운동에 참여한다. 1965년 보스턴 공원에서 열린 반전 집회에 참여해 연설을 했을 때만 해도 100여 명에 불과했던 청중은 1969년이 되자 10만여 명으로 불어났을 정도로 반전운동은 베트남전쟁의 참상이 널리 알려짐에 따라 하나의 거대한 물결이 되었다.

반전운동을 벌이며 진은 제2차 세계대전에 대해 숙고하는 기회를 갖게 되었다. 1966년 8월 일본의 한 평화 단체의 초청을 받아 일본을 방문한 진은 원폭 생존자들을 만난다. 불구가 된 그들을 만난 자리에서 진은 폭격수로 복무하던 시절 자신이 한 일을 떠올렸다. 1967년에는 르와양을 방문해 생존자들을 만나고 자료를 찾으며 르와양 폭격이 무의미한 살육이었음을 깨닫게 된다. 히로시마와 르와양은 제2차 세계대전에 대한 기존의 생각을 뒤집게 되는 계기가 되었다. 정당한 전쟁은 없었다. 베트남전쟁 역시 마찬가지였다.

전쟁 발발 초기부터 진은 베트남전쟁에 의구심을 갖고 있었다. 1964년 8월 2일과 3일 두 차례에 걸쳐 북베트남의 어뢰정이 통킹만灣에서 미국 구축함 '매독스호'를 공격했다는 사실과 이 전투로 말미암아 미국의 린든 존슨Lyndon Johnson 대통령의 명령으로 8월 4일 북베트남을 폭격하고 8월 7일 의회에서 통킹만 결의안이 통과되어 해병대를 상륙시키는 등 확전擴戰으로 치달았다는 것에 의문을 품었다. 진은 기다렸다는 듯 베트남전쟁을 일으킨 미국의 행태를 도저히 이해할 수 없었다.

세계 최고의 해군력을 보유하고 있던 미국이 북베트남군에 두 차례에 걸쳐 공격을 당한 것도 이해가 안 가는 일이었고, 왜 구축함 '매독스호'와 항공모함이 통킹만에 머물고 있었는지, 대체 거기서 무얼 하고 있었는지 등도 의문이었다. 멕시코 전쟁과 쿠바에서 벌인 스페인과의 전쟁, 필리핀 침략 등 그동안 미국이 전쟁

베트남의 어뢰정이 통킹만에서 미국 구축함 '매
독스호'를 공격했다는 사실에 의문을 품은 진은
베트남전쟁이 전면전으로 치닫고 난 뒤부터 미군
의 철수를 주장하며 반전운동을 전개했다.

을 일으킬 때마다 조작된 사건이 있었다는 것을 진은 알고 있었다. 통킹만 사건으로 베트남전쟁이 본격화된 것 역시 충분히 의심해볼 만했다. 나중에 밝혀진 바에 따르면 통킹만에서 1차로 공격을 당한 것은 불분명했고, 2차 공격은 미국의 자작극이었음이 드러난다. 또 당시 매독스호는 일상적인 정찰 활동이 아닌 북베트남을 상대로 한 비밀 정보 공작을 벌이고 있었다.

베트남전쟁이 전면전으로 치닫고 난 뒤부터 진은 미군의 철수를 주장했다. 아주 단순한 이유였다. 미국인들의 생명을 구하고 베트남인들의 생명을 구하기 위해서였다. 그러나 전쟁을 비판하는 사람들도 이런 자명한 사실을 감히 발설하지 않았다. 이에 실망한 진은 1967년 『베트남: 철수의 논리Vietnam: The Logic of Withdrawal』와 1968년 『불복종과 민주주의: 법과 질서에 관한 9가지 착각Disobedience and Democracy: Nine Fallacies on Law and Order』을 출간하며 미군 철수와 반전 운동에 나설 것을 주장했다.

반전운동은 점점 확대되고 있었다. 반전운동가들

은 징병에 거부하며 감옥에 가길 서슴지 않았고, 병무
청에 잠입해 징병 서류를 불태우기도 했다. 병사들의
전쟁 거부도 시간이 갈수록 더해갔다. 진은 반전운동
에 나선 이들에 대해 법정에서 시민불복종의 정당성
에 대해 증언하는 한편, 미국 전역을 돌며 미군의 철수
와 반전을 역설했다. 그 와중에 진은 FBI의 감시를 받
았고, 시위를 하다 끌려가 여러 차례 투옥되기도 했다.

　민권운동과 반전운동에 참여하면서, 진은 정부의
부당한 명령에 저항하는 수많은 불복종자를 만났다.
통킹만 사건이 조작이라는 내용을 담고 있는 '펜타곤
페이퍼'를 폭로한 대니얼 엘즈버그Daniel Ellsberg를 만
나 이 보고서를 먼저 읽고 분석하기도 했고, 반전운동
에 앞장선 대니얼 베리건Daniel Berrigan 신부와 함께 하
노이에 가서 미군 조종사를 미국으로 귀환시키기도
했다. 이들은 정부의 잘못된 정책에 불복하고 있었고,
그것은 민주주의에 반드시 필요한 일이었다. 진이 보
기에 베트남전쟁에 저항하는 시민불복종은 정당한 것
이었다.

"군인들과 징집자들이, 또 시민들이 베트남전에 반대하여 일으킨 대규모 시민불복종 운동이 정당화될 수 있는 것은 단순히 그것이 시민불복종 운동이었기 때문이 아니다. 그것은 인간의 권리, 수백만 베트남 민중들이 살해당하지 않을 권리, 미국의 '중요한 부동산 한 뙈기(존 F. 케네디 대통령의 말)'라는 이유로 동남아시아에서 그 민중들이 살해당해서는 안 될 권리, 그것을 위한 불복종이었기에 정당화될 수 있는 것이다."

진은 불복종보다 복종에 따른 결과가 끔찍하다고 주장했다. 그러면서 1968년 3월 남베트남의 미라이My Lai라는 마을에서 미군에 의해 자행된 끔찍한 대학살을 예로 든다. 미라이 마을에 있는 어른과 아이를 비롯한 모든 사람이 공산주의자이니 죽이라는 명령을 받은 미군 병사들은 약 1시간 동안 저항조차 하지 않은 400여 명을 도랑으로 몰아 총으로 쏘아 죽였다. 대부분이 노인과 여자, 어린아이들이었다. 명령에 복종한 결과였다. 미라이 대학살에 참여했던 미군 병사 찰스 허터Charles Hutto는 전쟁이 끝난 몇 년 후 이렇게 말했다.

"나는 열아홉 살이었어요. 나는 항상 어른들 말씀을 잘 들어야 한다고 배웠지요.……하지만 이제 만약 정부에서 부른다면 내 아들들에게는 '국가를 위해서 일해라, 하지만 때로는 너희들 판단에 따르라'고 말하겠어요.……당국의 말은 무시하고 스스로의 양심에 따르라고요. 베트남에 가기 전에 누군가 내게 그런 이야기를 해주었다면 얼마나 좋았을까요. 나는 몰랐어요. 지금은 전쟁이라고 불리는 것이 절대로 있어서는 안된다고 생각해요.……그것은 사람의 정신을 만신창이로 만들어버리니까요."

법과 명령에 반드시 따라야 한다는 복종의 논리는 끔찍한 참상을 불러일으킬 뿐만 아니라 불복종을 폄훼한다. 질서가 깨지고 혼란을 초래한다는 논리로 말이다. 그러나 진은 지배권력이 '법과 질서'를 내세우며 시민들의 권리를 침해하거나 자유를 구속하고, 심지어 학살하거나 전쟁을 일으키는 행위에 대해 비판적이었다. 진은 1960년대 하버드대학의 졸업식에서 있었던 일화를 소개하며, '법과 질서'라는 명분이 때에 따라서는 지배권력의 죄를 가리기 위한 방어막이 되었음을 증명한다.

"1960년대에 한 하버드 법대생은 부모님들과 졸업생들 앞에서 이런 연설을 했다. '우리나라의 거리들은 혼란에 빠져 있습니다. 대학들은 폭동과 소요를 일삼는 학생들로 가득 차 있습니다. 공산주의자들은 우리나라를 호시탐탐 파괴하려 하고 있습니다. 러시아는 완력을 동원해 우리를 위협하고 있습니다. 그리고 국가는 위험에 처해 있습니다. 그렇습니다! 안으로부터의 위험, 또 외부로부터의 위험. 우리는 법과 질서가 필요합니다. 법과 질서 없이 우리나라는 살아남을 수 없습니다.' 긴 박수소리가 이어졌다. 박수소리가 잦아들자, 그 학생은 청중들에게 조용히 말해주었다. '지금 말한 것들은 1932년 아돌프 히틀러가 연설한 것입니다.'"

법과 정의 사이에서 진은 정의와 양심의 편에 서야 한다고 주장한다. 법은 정의를 위한 수단이고, 수단이 잘못되었다면 정의를 위해 직접 행동을 벌여야 한다는 것이 그의 주요 논지였다.

"우리는 법을 준수하는 것보다도 정의를 추구할
의무가 더 많은 것 아닐까? 법은 정의에 복무할 수 있
다. 예컨대 법은 강간과 살인을 금지하고 있고, 인종이
나 국적에 관계없이 모든 학생을 받아들이도록 학교
에 요구하고 있다. 하지만 법이 젊은이들을 전쟁에 내
보내고 부자를 보호하면서 가난한 사람들을 처벌할
때, 법과 정의는 서로 배치된다. 그런 경우 우리에게
더 큰 의무는 어느 쪽에 있는가? 법인가, 정의인가?"

그러면서 진은 법을 뛰어넘는 저항이 민주주의에
필수불가결한 요소라고 말한다. 진은 투표라는 제한
적인 행위로는 시민의 권리를 지키고, 민주주의 사회
를 만들기 부족하다고 보았다. 민주주의가 퇴보하는
것을 보지 않으려면, 또 국가권력에 의해 시민의 정당
한 권리가 침해당하지 않게 하려면, 시민의 직접 행동
이 필요하고, 이때 요구되는 것이 시민불복종이라고
강조했다.

"내 생각에 시민불복종의 원칙은, 우리가 법에 대
한 모든 불복종 행위를 참아내는 데 있는 것이 아니라,

법에 대한 무조건적 복종을 거부하는 데 있다. 법이 아니라 정의justice가 궁극적인 잣대가 되어야 한다. 이 점이 많은 사람들에게 성가시게 느껴질지 모른다. 그렇게 되면 사람들은 자신들의 사회적 활동을 도덕적 양심에 따라 심사숙고해서 해야 한다는, 무거운 책임을 져야 하기 때문이다. 여러 시책과 정책에 대해 끊임없는 판단을 요구하기 때문에 혼란스러울 수도 있다. 현재 법이 어떻게 되어 있든, 정치인들이 법을 자신들의 이해에 따라 어떻게 주물럭거려왔든, 대법원이 그 법을 어떻게 해석하든 간에 뒤로 물러앉아 그 법 자체가 우리 자신을 대신하여 도덕적 판정을 내리도록 놔두는 것이 훨씬 쉽기는 하다. 정말이다, 그 편이 수월하다. 그러나 '자유의 대가는 영원한 불침번이다'라고 했던 제퍼슨의 말을 상기해보라."

　이렇게 진은 시민불복종에 대한 논의를 확대시켰고, 그것이 정당함을 설파했다. 그리고 베트남전쟁이 끝난 뒤 진은 시민불복종의 역사를, 강자에 의해 약자가 억압당한 역사를, 그에 맞서 약자가 끊임없이 저항해온 역사를, 미국의 추악한 면을, 권력자가 아닌 피권력자의 시선으로 기술한다. 그렇게 해서 나온 책이 『미국 민중사』였다.

추악한
미국사를
기록하다

―――――――――

미국의 패배로 끝난 베트남전쟁은 두 나라 모두에 깊은 상처를 남겼다. 피해자인 베트남인들은 물론, 가해자인 미국인들까지 수많은 사람이 전장에서 유명을 달리했다. 조작된 통킹만 사건을 통해 베트남전쟁을 벌이고 국민들을 징집해 전장으로 보낸 미국 정부는 추악했다. 그때뿐만이 아니었다. 미국은 아메리카 대륙이 발견될 때부터 추악한 역사를 남겼다. 다만 알려지지 않았을 뿐이다.

진은 바로 그 점에 주목했다. 알려지지 않은 역사에 대해서 말이다. 그리고 도서관에 묻혀 있던 미국사에서 패배한 이들의 역사를, 권력과 자본에 의해 피해를 당한 자들의 역사를 끄집어내 1980년『미국 민중사』를 출간한다. 이 책은 누군가의 서평처럼 영웅과 악당이 자리를 바꾼 책이었다. 첫 장부터 진은 아메리카 대륙을 발견한 크리스토퍼 콜럼버스Christopher Columbus가 사실은 탐욕을 위해 원주민들을 고문하고 살해한 잔혹한 인물이었음을 밝힌다. 그것도 콜럼버스가 남긴 기록을 통해서 말이다. 그리고 연이어 서부 개척의 역사가 인디언 학살의 역사였다는 것을, 인종차별주의가 정책적 산물이었음을, 미국식 자본주의 체제 안에서 노동자들이 겪은 참상을 밝혀냈다.

『미국 민중사』는 여러모로 충격적인 책이었다. 이 책을 통해 전혀 알려지지 않았던 미국사의 추악한 면모가 드러났고, 미국 역대 정부의 허위와 기만과 위선이 드러났다. 그동안의 역사는 승리자의 역사였고, 패배자의 역사는 기록되지 않은 채 잊혔다. 진은 그 숨겨

진, 아니 은폐된 역사를 끄집어냈다.

진은 "국가는 공동체가 아니며 그런 적도 없었다. 어떤 나라의 역사가 한 가족의 역사처럼 보이더라도 사실 정복자와 피정복자, 주인과 노예, 자본가와 노동자, 인종 및 성별상의 지배자와 피지배자 사이에서 (때로는 폭발하지만 대부분은 억압되는) 이해관계의 격렬한 갈등을 감추고 있다. 그리고 이런 갈등의 세계, 희생자와 가해자의 세계에서 알베르 카뮈의 표현처럼 가해자의 편에 서지 않는 것이 생각 있는 사람이 할 일"이라며 이 책에서 역사를 어떻게 서술하는지를 다음과 같이 정리한다.

"역사에서 선택하고 강조하는 행위로부터 나오는, 어느 편에 설 것인가 하는 피할 수 없는 문제에 있어서 나는 아라와크족의 시각에서 본 아메리카 대륙 발견의 역사를, 노예의 관점에서 본 헌법 제정의 역사를, 체로키족의 눈에 비친 앤드루 잭슨의 역사를, 뉴욕의 아일랜드인들이 본 남북전쟁의 역사를, 스코트 부대의 탈영병들이 본 멕시코 전쟁의 역사를, 로웰 방직 공장

진은 『미국 민중사』를 통해 그간 전혀 알려지지 않았던 미국사의 추악한 면모를 드러냈다. 진은 아메리카 대륙을 발견한 크리스토퍼 콜럼버스가 사실은 탐욕을 위해 원주민들을 고문하고 살해한 잔혹한 인물이었다고 밝혔다.

에서 일하는 젊은 여성들의 눈에 비친 산업주의 발흥의 역사를, 쿠바인들이 본 스페인-미국 전쟁의 역사를, 루손섬(필리핀 군도의 본섬) 흑인 병사들의 눈에 비친 필리핀 정복의 역사를, 남부 농민의 시각에서 본 금박시대Golded Age의 역사를, 사회주의자들이 본 제1차 세계대전의 역사를, 평화주의자들의 시각으로 본 제2차 세계대전의 역사를, 할렘 흑인들의 눈에 비친 뉴딜의 역사를, 라틴아메리카의 날품팔이 노동자들이 느낀 전후戰後 미 제국의 역사를 서술하고자 노력하고자 한다."

역사는 본질적으로 승자의 역사라고 봐도 무방할 것이다. 그래서 역사가 객관적이라는 것은 신화에 불과하다. 진은 역사학을 공부하기로 결정했을 때부터 역사가 객관적이지 않다고 생각했다.

"전문적인 역사가가 되기 전에, 나는 쓰레기가 뒹구는 뉴욕의 어두운 뒷골목에서 자랐고 시위대에서 피켓을 들고 있다가 경관에게 정신을 잃을 정도로 두들겨 맞기도 했다. 3년 동안 조선소에서 일했고, 전쟁의 폭력에 가담했다. 이러한 경험들은 나에게, 인생을 살아가는 데 있어서 그리고 역사를 쓰는 데 있어서도 '객관성'에 대한 모든 희망을 잃게 만들었다."

진은 "역사를 공부하는 이유가 단순히 '흥미롭다'거나 사회적으로 존경받을 만한 확실한 직업을 얻기 위해서가 아님을 자각하고 있었다". "노동자들의 생존을 위한 투쟁"과 "전쟁의 매력과 추악함"을 겪었던 그에게 역사는 "이 세상에서 무엇이 잘못되었는지를 이해하고 이를 바꿀 수 있도록 돕는 수단"이었다. 또한 진은 "생존과 자유, 행복 추구를 할 수 있는 모든 인간-인종, 국적, 성별, 종교의 구분 없이-의 동등한 권리 보장을 근본적 가치로 삼았고, 그 가치를 확고히 추구한다는 의미에서 편견을 갖기로 결심했었다.……나에게 있어 역사 연구에 일생을 바친다는 것은 그러한 이상을 목표로 할 때만 의미가 있는 것이었다"고 말한다.

진은 관점에 따라 역사적 해석이 달라진다는 것을 알고 있었다. 역사는 객관적이지 않았다. 진은 "역사를 읽는 사람은 먼저 편견에 치우치지 않은 역사는 없다는 사실을 이해해야 한다"며 역사는 2가지 의미에서 편파적이라고 말한다.

첫째 "기록된 역사는 실제로 일어난 사건의 극히 일부분일 뿐이라는 점에서 편파적"이다. 둘째 "무엇을 포함시키고 무엇을 빠뜨릴 것인가, 무엇을 강조하고 무엇을 경시할 것인가 하는 선택 과정에서 불가피하게 어느 한쪽 편을 들 수밖에 없다는 점에서 편파적"이다. 그러면서 진은 "역사의 정직성에서 가장 문제가 되는 것은 공공연한 거짓말이 아니"라 "중요한 자료를 빠뜨리거나 경시하는 것"이라며 '러들로 학살'을 예로 든다.

진은 대학에 다닐 때 미국의 포크 가수 우디 거스리Woody Guthrie가 1946년 발표한 〈러들로 학살Ludlow Massacre〉이란 노래를 듣게 된다. 그것은 1914년 콜로라도주 남부 록펠러家 소유의 탄광 노동자들이 벌인 파업을 진압하는 과정에서 불에 타 죽은 여자 2명과 2~11세의 어린이 11명에 대한 이야기였다.

사건의 발단은 1913년 콜로라도주 남부의 록펠러가 소유의 탄광에서 벌어진 콜로라도주 탄광 파업이었다. 노동조합을 결성하려는 탄광 노동자들에 맞서서 록펠러가는 사립 탐정을 고용해 노동운동 조직가를 살해하고, 이에 반발하던 노동자들을 해고했다. 노동자들은 머물고 있던 집에서도 쫓겨나야 했다. 이에 노동자들은 작은 마을 러들로에 광산노동자연합이 세워준 텐트촌에 머물렀다. 그때가 1913년 9월이었다.

1,000여 명에 이르는 광부와 그 가족은 이곳에서 머물면서, 록펠러가에서 고용한 파업 파괴자들의 무력에 맞서 싸웠다. 그리고 1914년 4월 20일, 주 방위군 2개 중대가 텐트촌에 기관총을 난사하기 시작했고, 저녁 무렵에 병사들이 텐트촌에 불을 질렀다. 이튿날 마침 근처를 지나던 전화 수리공이 텐트 바닥에 파놓은 구덩이 위에 덮여 있던 쇠판 아래에서 서로 눌어붙은 채 새까맣게 탄 여자 2명과 어린이 11명의 사체를 발견했다. 이것이 러들로 학살의 진상이었다.

그러나 진은 거스리의 노래를 듣기 전까지 이 '역사적 사실'을 전혀 몰랐다. 미국 역사에 대한 어떤 수업에서도, 또 그동안 읽은 그 어떤 역사책에서도 러들로 학살과 콜로라도주 탄광 파업은 한 번도 나온 적이 없었다. 거스리의 노래를 듣고 호기심을 느껴 독자적으로 미국 노동운동의 역사를 공부하면서 진은 이 사실을 알게 되었다. 눈부신 산업 발전과 자본주의의 우월성만을 강조하는 미국의 주류 역사에서 러들로 학살은 간단하게 생략되어 있었다. 진은 그 생략된 역사를 복원한다.

"러들로 학살을 상세하게 이야기하기로 한 것 역시 주관적인(편견을 가진, 편협한) 결정이다. 나의 결정은 우리 역사에서 계급 분쟁의 외연과 노동자들이 자신들이 처한 조건을 변화시키기 위해 어떻게 투쟁해야 했는지를 사람들이 알고, 과거 정부와 거대 신문들이 계급투쟁에서 어떤 역할을 했는지 이해하는 것이 중요하다는 나의 믿음에 근거하는 것이었다. 누구나 역사에서 수집할 수 있는 정보를 큰 덩어리째 빠뜨린다. 그것은 불가피한 일이기도 하다. 그러나 무엇이 빠졌는가는 사람들이 받는 역사교육이라는 면에서는 중요한 문제이다. 그것은 사람들을 이 길로, 혹은 저 길로 움직이게 할 수도 있고 꼼짝 않고 제자리에 서 있게 할 수도 있다.-기차에 가만히 타고 있는 사람도 이미 특정한 방향으로 움직이고 있는 것인데, 가만히 있다는 것은 곧 그 방향을 받아들였다는 뜻이기 때문이다. 내가 의도하는 바는 시민들이 기본적인 인간의 권리, 즉 평등, 민주주의, 평화, 국경 없는 세계를 위해 움직이도록 도와줄 수 있는 주제들을 선택하고 그러한 측면들을 강조하자는 것이다. 사실을 감춤으로써가 아니라 축적된 지식의 정설에 사실을 보태고 정보의 시장을 활짝 열어젖힘으로써."

『미국 민중사』는 이처럼 패자와 저항자의 관점에서 미국사를 새롭게 서술한 역사였다. 이는 일종의 균형추 역할을 했다. 단순히 잘 알려진 역사와 덜 알려진 역사 사이의 균형을 잡은 역할만 한 게 아니었다. 진은 즐겨 인용하는 조지 오웰George Orwell의 "과거를 지배하는 자는 미래를 지배하고 현재를 지배하는 자는 과거를 지배한다"는 말로, 현재의 승자가 어떤 역사를 '선택'하는지, 그 선택의 배경에는 무엇이 있는지를 통찰한다. 진은 콜럼버스부터 시작된 미국의 역사가 대략 2가지의 시대를 초월하는 이슈에 따라 선택과 강조를 통해 기술되었다고 보았다.

첫 번째 이슈는 무력에 의한 정복이다. 진은 콜럼버스가 "서반구 최초의 유럽 제국주의자"로 "무력에 의한 정복"을 정당화하는 데 활용되었다며 "미국의 확장은 콜럼버스가 확립한 패턴, 즉 부를 얻기 위해 토착민을 말살하는 패턴을 아주 충실히 따랐"다고 말한다. 미국 사회에서 콜럼버스를 기념하는 것은 "확장과 정복과 폭력의 기나긴 역사"를 정당한 것으로 간주하게끔 만든다는 것이다.

그러면서 진은 미국이 자랑스럽게 이야기하는 '서부 개척'의 역사는 백인들이 주인 없는 땅, 즉 무주공산無主空山을 개척한 게 아니고 사실상 그 땅에 살고 있던 수많은 인디언을 학살하고 이주시킨 역사였지만, 이는 간단히 무시되었다고 말한다. 또 양도 또는 매수로 미국이 영토를 확장시켜온 것이 아니라 사실은 멕시코를 침략해 전쟁을 일으키고, 스페인이 지배하고 있던 플로리다에 군대를 보내고, 스페인에서 해방시킨다는 명목으로 쿠바를 지배하고, 문명화시키고 기독교를 전파한다는 명목으로 필리핀을 침략했음을 상기시킨다. 기존 역사책에 기록된 양도와 매수는 허울에 불과할 뿐 미국은 끊임없이 무력에 의한 정복을 일으켜왔다는 것이다.

두 번째 이슈는 '이윤 동기'다. 콜럼버스가 황금, 즉 이윤 동기를 위해 인종 학살을 저지른 것처럼, 미국에서는 끔찍한 일을 저질러도 이윤 동기를 위해서라면 역사에서 간단하게 생략되어왔다.

진은 남북전쟁 이후부터 제1차 세계대전까지, 미국의 위대한 산업 발전 시대를 기술한 역사책에는 철도가 얼마나 길게 깔렸고, 철강 생산량이 얼마나 증대되었는지는 나오지만, 그 철로를 깔기 위해 산업재해로 죽어간 노동자들의 희생은 전혀 언급되지 않는다는 점을 지적한다. 중요한 것은 자본주의와 산업 발전을 이끈 이윤 동기일 뿐이고, 그에 따른 희생은 부수적인 것으로 만드는, 그런 이데올로기가 그동안의 역사

기술에 숨어 있다는 것이다.

진이 객관적인 역사가 사실상 불가능하다고 주장
했던 것은 바로 '생략과 강조' 때문이었다.

"늘 그렇듯이 인간의 역사에서 노골적인 거짓말이
문제인 경우는 매우 드뭅니다. 역사에 노골적인 거짓
말이 존재한다고 해도 그것은 생략 또는 강조의 문제
입니다. 생략과 강조는 우연이 아닙니다. 실수도 아닙
니다. 강조된 것과 생략된 것의 역사가, 기록원, 또는
그 사실들을 말해주는 사람들의 가치관을 드러냅니다.
그것은 현재의 가치, 오늘날 사람들이 역사를 이야기
할 때 어떤 생각을 하는지 말해줍니다."

진은 선택과 강조로 과거의 역사를 왜곡함으로써
시민들의 사고와 지식을 통제하고, 특정한 가치만을
부각시켜 시민들을 지배권력의 가치관에 복속시킬 수
있다고 주장한다. 역사가 객관적이지 않다는 것을 강
조하는 이유도 여기에 있다. 진이 『미국 민중사』에서
잘 알려지지 않은 수많은 미국 시민의 저항의 역사를
기록한 것은 기울어진 추를 바로잡고, 좌절이 아닌 희

망의 역사를 도출해내기 위해서였다.

"민중운동을 위해 승리의 기록을 날조하고 싶지는 않다. 그러나 역사 서술의 목적이 과거를 지배하는 실패만을 요약하는 것이라고 생각한다면 역사가들은 끝없는 패배의 순환에서 공모자가 되어버린다. 역사가 창조적이려면, 또 과거를 부정하지 않고도 가능한 미래를 예견하려면, 덧없이 스쳐 지나간 일일지언정 사람들이 저항하고, 함께 힘을 모으며, 때로는 승리한 잠재력을 보여준 과거의 숨겨진 일화들을 드러냄으로써 새로운 가능성들을 강조해야 마땅하다고 믿는다. 어쩌면 순전히 희망사항일 수도 있지만, 우리의 미래는 수세기에 걸친 전쟁의 견고함에서가 아니라 덧없이 지나간 공감의 순간들에서 발견될지도 모른다고 생각한다."

『미국 민중사』는 1980년 초판이 나온 이래 2003년까지 몇 차례에 걸쳐 개정판이 출간되었으며, 초판 5,000부로 시작해 2000년에는 100만 부, 2009년에는 200만 부가 팔렸다. 1992년부터 미국의 고등학교는 이 책을 주요 역사 교재로 채택하고 있다.

미국을
앞장서
비판하다

1980년대 이후, 그리고 1988년 봄 보스턴대학을 그만둔 이후에도 진은 로널드 레이건Ronald Reagan 정부와 조지 부시George H. W. Bush 정부, 빌 클린턴Bill Clinton 정부, 조지 부시George W. Bush 정부, 버락 오바마Barack Obama 정부에 대해 비판하는 글을 발표했고, 각종 집회 현장에서 발언을 이어갔다. 그래서였다. 그가 '미국을 앞장서 비난하는 인사'이자 '학계의 우물에 독을 풀어 넣는 자'란 평가를 받게 된 것은……

2001년 9월, 진은 '미국 대학 이사·동창회 협의회 The American Council of Trustees and Alumni, ACTA'에서 발표한 '미국을 앞장서 비난'하는 인사 117명 중 한 명으로 이름을 올렸다. ACTA는 조지 W. 부시의 러닝메이트로 2001년 1월부터 2009년 1월까지 부통령을 지낸 딕 체니Dick Cheney의 부인인 린 체니Lynne Cheney가 1995년 미국 역사와 서구 문명의 우월성을 교육한다는 취지로 설립한 단체다. 진은 "우리는 우리의 국가적 부를 대포, 비행기, 폭탄이 아니라 우리 국민들의 건강과 복지를 위해, 그리고 다른 나라의 고통 받는 사람들을 위해 써야만 안전해질 수 있다"는 발언 때문에 이 명단에 올랐다면서, 명단에 이름을 올린 것이 기쁘다고 말했다.

그뿐만이 아니다. 비민주적인 학교 운영과 베트남 전쟁에 반대하는 학생들과 교수들을 억압해 진과 마찰을 빚었던 보스턴대학 존 실버John Silber 총장은 놈 촘스키Noam Chomsky와 더불어 진을 "학계의 우물에 독을 풀어 넣는 자들"이라고 비난했다. 이 말에 대해 진은 "존 실버는 학문의 세계에 아마도 순도 1급수 우물이 있다고 여기고, 나나 촘스키 같은 사람들이 그걸 망치고 있다고 보는 모양"이라며 "바로 그러한 논리가 이 나라의 우파들이 교육과 관련해서 내뱉는 비난"이라고 비판했다. 즉, "나치스가 주장하던 인종주의적 순결"이라는 의미에서 교육의 순수함을 주장하는 것과 다르지 않다는 것이 진의 대응이었다.

정부를 지지하는 자들에게 진은 눈엣가시였다. 미국 정부의 잘못을 묵인하지 않고 거슬렀기 때문이다. 특히 진은 끊임없이 전쟁을 일으키는 미국의 대외 정책에 대해 신랄한 비판을 가했다. 1998년 12월 대량살상무기가 있다며, 이라크 폭격을 감행한 클린턴 정부에 대해 진은 이렇게 비판했다.

"클린턴 대통령은 또한 이라크 외에 다른 나라들도 대량살상무기를 갖고 있지만 이라크만이 이것을 사용해왔다고 지적했다. 세계 어떤 나라도 우리보다 더 많이 대량살상무기를 보유하고 있지 않으며, 세계 어떤 나라도 우리보다 자주, 또는 우리보다 많이 민간인

시민불복종에 정당성을 부여하는 데 앞
장서왔던 하워드 진. 그는 잊히도록 강
요당했던 불복종의 역사를 복원하며 평
생에 걸쳐 저작과 행동으로 시민불복종
의 가치를 끊임없이 전해왔다.

의 생명을 앗아가는 데 이것을 사용하지는 않았다. 히로시마와 나가사키에서는 미국이 원폭을 투하해 10만 명 이상의 민간인이 죽었다. 미국이 한반도와 베트남에 '재래식' 무기를 떨어뜨린 후 수백만이 목숨을 잃었다. 그렇다면 도대체 우리 자신이 대량살상무기 사용을 억제하고 있다고 누구에게 자랑할 수 있는가?"

다른 국가의 잔학 행위를 저지한다며 그보다 더한 잔학 행위를 저지르는 미국의 행태를 진은 강도 높게 비판한다. 이 글에서 볼 수 있듯 미국은 대량살상무기를 세계에서 가장 많이 갖고 있고, 세계에서 가장 많이 사용해왔다. 그런데도 대량살상무기를 보유하고 있을 가능성이 있다는 이유만으로 이라크를 폭격했다. 또 1999년에는 슬로브단 밀로셰비치Slobodan Milošević 대통령이 이끄는 유고슬라비아와 코소보 해방군 사이에서 벌어진 코소보 전쟁에 참전해 유고슬라비아를 폭격했다. 코소보 지역의 알바니아인 학살을 멈춰 세우기 위해 벌인 일이었다.

그러나 진은 유고슬라비아에 대한 폭격으로 수많

111

은 민간인이 죽임을 당하고 있다며, "지금 우리가 유고슬라비아에서 보고 있는 것은 미국과 세르비아 군대 양쪽이 저지르고 있는 잔혹한 테러리즘"으로 "둘 다 비난 받아야 한다"고 말했다. 그러면서 밀로셰비치가 전쟁범죄에 대한 재판을 받는 것과 같이 미국의 국무장관 매들린 올브라이트Madeleine Albright, 국방장관 윌리엄 코언William Cohen, 국가안보조정관 리처드 클라크Richard Clark도 모두 전범 재판대에 서야 할 것이라고 주장했다.

진은 미국이 전쟁을 계속 벌이는 이유는 전 세계 최강의 국가라는 '남성주의적인 오만'에 있으며, 이로 인해 전 세계에 적을 만들며 테러리즘을 촉발시킨다고 보았다. 악순환이 반복되고 있다는 것이다.

그러나 미국은 변하지 않았다. 강경 일변도였다. 2001년 9·11 테러 이후 테러와의 전쟁을 선포한 조지 부시 행정부는 아프가니스탄에서 전쟁을 일으켰다. 9·11 테러의 배후로 지목된 오사마 빈 라덴Osama bin Laden이 이끄는 '알카에다'가 탈레반 정권의 비호

아래 아프가니스탄에 은신하고 있다는 정보를 입수해 2001년 9월 26일 아프가니스탄을 폭격하고 침공한 것이었다.

그 전쟁은 지금까지 계속되고 있고 아프가니스탄은 쑥대밭이 되었다. 미군의 폭격과 지상군 투입으로 인해 수많은 민간인이 학살당했고, 부상을 입었으며, 집을 잃고 난민이 되었다. 아프가니스탄 침공의 원인이었던 오사마 빈 라덴이 2011년 5월 파키스탄에서 미군에 의해 사살 당했는데도, 또 민주당 정부가 들어섰음에도 아프가니스탄 전쟁은 계속되었다. 2008년 집권한 민주당의 오바마 행정부가 이라크 전쟁에 파견되어 있던 병력을 아프가니스탄에 투입해 한때 10만 명 이상이 아프가니스탄에 주둔하며 전쟁을 치렀다. 그 결과로 14년 동안 이루어진 베트남전쟁보다 더 긴 19년 동안 아프가니스탄에서 전쟁이 벌어지고 있는 것이다.

한편으로 조지 부시 행정부는 2003년 사담 후세인Saddam Hussein이 지배하고 있던 이라크를 악의 축으로 규정해 이라크를 침공했다. 사담 후세인 독재 정권을 끝장내고, 대량살상무기를 없애겠다는 목적에서였다. 그러나 대량살상무기는 끝내 발견되지 않았다. 2010년 8월 미국의 마지막 전투부대가 이라크에서 떠났지만 이라크는 곧 내전 상태로 접어들며 혼란 상태가 계속되었다.

진은 이런 상황을 예견했다. 진은 2002년 조지 부시가 신년 연설에서 "우리는 '대테러 전쟁'에서 이기고 있다. 우리의 진보는 미국이 가진 군사력의 힘을 통해 입증되고 있다"고 말하며 이란과 이라크, 북한을 악의 축으로 규정했을 때, "이 테러리스트 적들은 전 세계를 전쟁터로 보고 있다. 따라서 우리는 그들이 어디에 있든지 끝까지 추적해내야만 한다"고 말했을 때, "이건 끝이 없는 전쟁"이 될 것이라고 예상했다. 진은 조지 부시 정부가 과거에 그 어떤 미국 정부도 하지 않은 말을 했다는 데에 주목했다. 그래도 과거 정부는 전쟁이 곧 끝난다고 국민들을 안심시키는 시늉이라도 했는데 조지 부시는 도처에 적이 있다며 국민에게 공포를 안겨주며 전쟁을 계속해야 한다는 메시지를 주었다는 것이다. 세계 어딘가에 존재하는 테러리스트와의 전쟁을 선포한 것은 전쟁의 일상화와 다름없다.

진의 예상처럼 전쟁은 정부가 바뀌어도 계속되었다. 그러나 전쟁은 아무것도 해결하지 못했다. 해결은커녕 더 많은 사상자와 분쟁거리를 남겨놓았고, 전쟁에만 몰두하게 해 미국의 다양한 문제를 외면하게 만들었다. 이것이 진이 미국의 확장일로의 대외 정책, 즉 군사주의에 휩싸여 전쟁을 벌이는 행태를 비판한 또 하나의 이유였다.

진은 지역 라디오방송에 출연해 발언한 "우리는 이 나라에서 테러리스트들의 손에 의해 죽은 것이 아니라 '자유로운 시장'이라는 이름의 이윤 체제 때문에 죽은 수천 명의 사람들에게는 정작 주의를 기울이지 않는다"와 관련해 한 청취자가 질문한 내용을 소개한다.

"9·11 사건으로 희생된 사람들에 대해서는 우리 모두가 슬퍼해야 하는 걸로 되어 있는데, 산업재해로 자기 직장에서 죽은 수천 명의 사람들에 대해서는 왜 슬퍼하지 않는가?"

진은 이 질문을 더 확장할 수 있다며 이렇게 묻는다. "식량과 의료 지원이 되지 않아 이 나라에서 매해 죽어가는 수천 명의 아이들에 대해서는 어찌해서 우리는 슬퍼하고 있지 않은가?"

진은 온 나라가 전쟁에만 집중하고 있는 사이 미국의 중요한 문제는 외면 받는 현실을 일깨우려 했다. 그래서 전쟁을 비판하는 일에만 열중하는 것을 경계했다. 진은 오히려 적은 가까운 곳에 있다고 강조했다.

"우리가 마주하고 있는 가장 치명적인 최대의 적은 해외의 어느 나라 동굴이나 군사기지에 있는 게 아니라, 기업의 이사회실과 정부기관의 사무실에 있다. 그곳에서는 의도적인 것은 아닐지라도 이윤과 권력을 추구하다 보니 그에 따라 부수적으로 생기는 수백만의 죽음과 비극을 가져오는 결정이 내려지기 때문이다."

진이 전쟁을 반대한 이유는 또 있다. 진은 9·11 테러 이후에 표현의 자유가 사라진 미국의 맹목적인 애국주의에, 사라진 민주주의에 비판을 가한다. 진은 "창

문으로 전쟁이 날아 들어오면, 민주주의는 그 창문 밖으로 날아가버린다"며 전쟁이 벌어질 때마다 표현의 자유가 위축되는 현실을 비판했다. 미국이 제1차 세계대전에 참전한 이후인 1917년 제정된 방첩법Espionage Act이 대표적이었다. 제1차 세계대전에 반대했던 노동운동가 유진 데브스Eugene Victor Debs와 아나키스트 엠마 골드만Emma Goldman이 이 법을 위반했다는 이유로 감옥에 갔었고, 베트남전쟁의 실상을 폭로했던 엘즈버그가 기소되었다. 버락 오바마 정부에서도 이라크와 아프가니스탄 전쟁과 관련된 기밀문서를 공개한 첼시 매닝Chelsea E. Manning과 위키리스크 설립자 줄리언 어산지Julian Assange가 기소되었다. 미국 국가안보국이 무차별적으로 개인정보를 수집하고 있다고 고발한 에드워드 스노든Edward Snowden도 방첩법을 피해 망명 중이다.

미국이 전쟁을 벌일 때마다 표현의 자유가 사라지는 것은 반복되었다. 9·11 테러 이후에 아프가니스탄 전쟁을 벌일 때는 더 심했다. '그 입 다물라'가 정부가 국민에게 전한 명령이었다. '국가가 위기일 때는 대통령에게 힘을 실어주어야 한다'는 게 정부가 바라는 국민들의 반응이었다. 진은 이에 동의할 생각이 추호도 없었다. 대통령이나 정부의 말에 '일사분란'하게 따르는 것은 진이 생각하는 시민의 역할이 아니었다.

"모든 사람들이 '우리 모두 대통령 아래에서 하나가 되어야 한다'고 울부짖을 때야말로 대통령과 정부기관에 동의하지 않는 것이 더욱 중요해지는 시기입니다. 그때가 바로 반대의 목소리를 내야 할 때입니다. 바로 전쟁이 벌어질 때, 즉 우리 목숨이 왔다 갔다 할 때 입을 다물도록 요구된다는 건 아이러니죠. 사소한 문제에 대해서는 자유롭게 말해도 되지만 목숨이 왔다 갔다 하는 문제에 대해서는 입을 다물어라. 참 편리한 민주주의의 정의 아닙니까? 그렇게 내버려두어서는 안 됩니다."

진이 보기에 대통령을 중심으로 온 나라가 하나가 되어야 한다는 주장이 먹혀드는 것은 국가를 공동체로 보기 때문이었다. 가족과 같은 공동체로서 국가를 상상하다보니 지도자의 뜻에 따르는 것이 공동체의 이익을 위해서도 필요하다고 생각하게 된 것이었다. 그러나 국가는 단일한 공동체가 아니다. 국가 안에는 서로 상충하는 이해관계를 가진 계급이 존재하며, 계급 간 착취와 그에 저항하는 투쟁이 다반사로 벌어진다. 진은 미국은 철저한 계급사회라고 말한다. 진은 "미국은 사실 계급사회입니다"라는 문장으로 미국 역사책을 시작할 수도 있다고 생각했다. 진은 전쟁도 계급적 현상으로 보았다.

"전쟁은 계급적 현상이다. 이는 고대부터 우리 시대에 이르기까지 움직일 수 없는 진실로, 베트남전의 희생자들은 미국의 노동계급과 아시아의 농민들이었다. 전쟁 준비는 자만에 부푼 군사 관료들을 유지시켜주고, 기업에 이익을 선사한다(그리고 일반 시민들에게는 기업을 성장시키기에 충분한 일감을 준다). 전쟁은 또한 정치가들에게 특별한 권력을 쥐여준다. '적'에 대한 공포는 한줌의 지도자들에게 정책을 일임할 근거가 되어주기 때문이다. 우리가 종종 보아온 바와 같이, 이들 지도자들이란 어떤 헌법적 제약이나 품위 또는 진실에 대한 서약에 구속되지 않는다고 생각하는 자들이다."

전쟁에서 죽거나 다치는 사람은 노동계급이었고, 전쟁으로 이득을 보는 것은 정부와 정치인과 관료와 기업이었다. 그런데도 미국 사회는 이런 계급적 현상을 무시하게끔 만들었고, '국가'의 이익을 위해서는 당연히 국민이 복무해야 한다는 논리를 발전시켜왔다는 것이 진의 판단이었다.

"계급의식이라는 표현은 미국에서 자주 사용되는 표현은 아니죠. 우리가 보통 미국은 계급사회가 아니라는 믿음을 지니도록 양육되었기 때문입니다. 모두가 행복한 하나의 계층이죠. 그리고 그런 생각에 동조하는 언어를 지닌 문화 속에 살고 있습니다. '우리 모두 그 안에서 하나'라고 생각하게 하려고 애쓰죠. 국기가 있고, 거기에 미국이 있습니다. 우리 모두 국기에 대한 맹세를 복창하고 국가를 부릅니다. 그러면 대통령이 나와서 국가안보를 위해 우리가 전장에 나가야 한다고 말합니다. 국가안보, 그건 모두의 안전을 뜻하는 말이어야 합니다. 아무도 '누구의 안보?'라고 물어보지 않죠. 그들은 또 '국토 방위를 위한 일'이라고 말합니다. 역시 아무도 '누구의 방위?'라고 물어보지 않습니다. 그들은 또 '이것이 국가의 이익'이라고 말합니다. 그리고 '누구의 이익?'이라고 묻는 사람은 아무도 없습니다. 그러나 그런 질문을 던지는 순간, 모든 사람이 똑같은 이익을 공유하는 거대한 울타리 속으로 들어가라고 권고 받은 겁니다."

그런 의미에서 진은 미국에서 매년 5월 열리는 전몰장병 추모일에 정치인과 언론이 "그들은 나라를 위해 목숨을 바쳤다"며 그들을 추도하는 것을 마뜩지 않아 했다. 두 가지 거짓말이 숨어 있기 때문에 그랬다.

"첫째, 전쟁에서 죽은 사람들은 스스로 목숨을 바친 것이 아닙니다. 그들을 전쟁터로 보낸 정치가들, 전몰장병 추모일에 고개를 숙이는 정치가들에게 빼앗긴 겁니다. 둘째, 그들은 '국가'에 목숨을 바친 게 아니라 정부에 바친 겁니다. 이번 전쟁을 예로 들자면 부시와

체니와 럼즈펠드, 그리고 핼리버턴과 벡텔의 중역진 등 1,700명이 넘는 미국인과 셀 수 없이 많은 이라크인을 살해한 그 군사적 행동에서 경제적으로든 정치적으로든 이득을 얻는 사람들에게 목숨을 바친 겁니다."

진은 정부가 국가를 참칭하는 것을 참을 수 없었다. '나를 따르라'는 식의 교조주의와 이를 맹목적으로 받아들이는 행위에 반감을 가지고 있었다. 또한 비판을 허용하지 않고 표현의 자유를 억압하는 정부를 비판해왔다. 진은 국가와 정부를 분리시켜 생각했다. 어떤 정부가 민주주의의 원칙을 무시한다면 그 정부는 비애국적이다. 자유와 평등, 행복의 추구 같은 특정한 권리를 시민에게 보장해주지 못한다면, 미국 독립선언문에 기록된 대로 "어떠한 형태의 정부가 이와 같은 목적을 파괴할 때는 시민은 언제라도 그것을 바꾸거나 철폐시키고 새로운 정부를 세울 권리가 있다"고 믿었다.

진은 미국을 비판한 게 아니라 미국 정부와 정치인, 기업인 등 지배 세력을 비판했다. 그래서 '미국을

앞장서 비난하는 인사'라는 말은 이렇게 수정되어야
할 것이다. '잘못된 정책을 펼치는 미국 정부와 권력
지키기에 급급해 국민을 무시하는 기득권 세력을 앞
장서 비판하는 인사'라고 말이다.

민주주의란
무엇인가?

앞서 언급한 대로 진은 분명한 목적을 가지고 역사를
서술했다. 진의 자서전 제목이기도 한 '달리는 기차 위
에 중립은 없다'는 말처럼, 그는 이미 특정한 방향으로
움직이고 있는 기차 안에서 가만히 있는 것은 그 방향
에 편승한다는 의미라고 생각했다. 가만히 있다고 해
서 중립을 유지하는 것이 아니라는 이야기다.

　진은 가만히 있지 않았다. 평등과 민주주의, 평화,
국경 없는 세계 등 시민들이 누려야 할 마땅한 인간의

권리를 위해 행동했고, 힘으로 약자를 위협하는 행위에 저항했다. 그 수단은 직접 행동이었고, 시민불복종이었다.

진은 미국의 지난 역사를 통해 정부가 특정 인종과 계급의 이익을 더 많이 챙기고, 어떤 거짓말을 해가며 전쟁을 벌여왔는지를 확인해왔다. 그리고 미국 시민들이 그런 부당한 권력과 자본에 저항한 역사 또한 존재했음을 알고 있었다. 진은 그러한 시민불복종의 역사를 발굴함으로써 정부의 부당한 권력 행사에 끊임없이 저항할 수 있는 동력을 마련해왔다. 진이 책과 연설, 칼럼 등에서 아나키스트였던 골드만과 사회주의자였던 데브스, 헬렌 켈러Helen Keller 등을 자주 소환한 이유도 그것 때문이었다. 비록 이념은 달랐지만 이들은 시민과 노동자의 권리를 위해 싸워왔고, 끊임없이 저항했다. 그렇게 역사를 공부하면서 진은 민주주의에 대한 개념을 잡아갔다.

"역사를 공부하면서 제가 얻은 것 중 하나는 민주주의란 무엇인가라는 개념이 바로잡히기 시작했다는 것입니다. 역사를 공부하면 할수록 이 나라의 다양한 분야에서 이루어진 어떠한 진보이건, 국민을 위해 어떤 일이 이루어졌건, 어떤 기본권을 획득했건 그것이 의회가 조용히 숙고한 결과나 대통령의 지혜나 대법원의 독창적인 판결에서 나오지 않았다는 사실이 점점 더 분명해집니다. 이 나라에서 이루어진 진보는 모두 평범한 사람들, 시민, 그리고 사회운동에서 나왔습니다. 헌법이 아니라요."

진은 투표 행위만으로 시민의 권리를 지키기는 힘들다고 보았다. 민주당과 공화당 중 하나의 정당을 선택하는, 객관식으로만 이루어지는 행위에 불과하기 때문이라는 게 이유였다. 물론 민주주의에서 투표는 중요하지만, 투표만으로는 민주주의를 발전시킬 수도, 정치가 본연의 업무를 제대로 수행할 수도 없다고 판단한 것이다. 진은 정치기구가 제대로 작동하는지 확인하는 방법이 있다며 이렇게 말한다.

"하나의 정치기구, 아니 어떠한 정치기구든 그것이 제대로 작동하고 있는지 확인하는 방법이 있습니

진은 시민불복종의 역사를 발굴함으로써 정부의 부당한 권력 행사에 끊임없이 저항할 수 있는 동력을 마련해왔다.

다. 모든 정치기구는 누구도 다른 사람을 착취하지 못하도록 보장하기 위해 존재합니다. 아마도 이것이 우리가 정치기구를 만드는 이유일 것입니다. 정치기구가 없다면 사람들이 다른 사람을 함부로 짓밟을 것이기 때문입니다. 그래서 정치기구를 만들어 우리 자신을 보호하는 겁니다. 우리는 사람이 사람을 착취하지 못하게 하고, 부당한 이익을 취하지 못하게 하고, 가난해지지 않도록 보호하고, 소수가 모든 권력을 독차지하지 못하게 하고, 불합리한 이유로 사람을 차별하지 못하게 하려고 정치기구를 만듭니다. 평화 유지도 정치기구를 만드는 이유입니다. 그것이 사람들에게 중요한 일이기 때문입니다. 죽고 싶은 사람은 없을 테니까요."

진은 전 세계의 모든 정치기구가 이런 조건을 단하나도 만족하지 못한다면서, 시민들이 스스로 보호하기 위해 힘을 모아 사회구조와 정치기구에 압력을 가해야 한다고 주장했다. 진은 민주주의가 정착하기 위해서는 시민들의 직접 행동이 반드시 필요하다고 보았다. 정부와 기업의 행태에 무관심하지 않고, 정부의 말을 곧이곧대로 믿지 않으며, 필요할 때는 제 목소리를 내는 시민이란 존재가 민주주의의 보루라는 것이 그의 생각이었다.

"민주주의란 대통령 꽁무니에 한 줄로 늘어서는 것이 아닙니다. 민주주의란 사람들이 독립적으로 사고하고, 정부를 의심할 수 있으며, 사태가 어떻게 돌아가고 있는지 둘러보고 알아내려 노력하는 겁니다. 그래서 정부가 우리를 속인다는 사실이 발각되면, 될 수 있는 한 큰 목소리로 정부를 성토하는 겁니다. 그것이 바로 민주주의입니다."

그래서 진은 민주 시민교육이 중요하다고 생각했다. 진은 "학교에서 젊은이들은 자유와 민주주의의 이상에 대해서는 배우지만 극소수의 부유층이 이 사회를 지배하고, 그들 반대편에는 생사의 경계까지 밀려나 말 그대로 생존을 위해, 자녀들을 먹이기 위해, 또 학교에 보내기 위해 생활고와 싸우는 수많은 사람이 존재한다는 계급사회의 실상은 전혀 배우지 못하는 실정"이 미국 교육 체계의 커다란 결함이라고 말한다.

또 미국 "대학생의 60퍼센트가 알카에다와 이라크 사이의 연관성을 굳게 믿는다는 건 그다지 놀랄 만한 일이 아니라고 생각"한다며, 그 이유를 그들이 "정부의 말을 비판하고 곱씹어보는 교육을 한 번도 받아보지 못했"기 때문이라고 말한다. 정부와 사회에 순응하는 교육만을 받아온 탓이라는 이야기다.

진은 "우리 시대에 가장 비중 있는 사안들에 대해 여러 선생님으로부터 다양한 목소리를 들을 수 있는 자유 토론의 장은 교육의 이상적인 모습"이라며 처음 학생들을 가르치게 되었을 때부터 "수업 시간 중에 스스로 가장 중요하다고 느낀 질문들, 그러니까 가장 논쟁의 여지가 있는 질문들을 소개하려고 했다"고 말한다. 진이 스펠먼대학에서 '헌법'이라는 강의 명칭을 '시민의 자유'로 바꾸고 대법원 판례를 기계적으로 가르치지 않고 그 판례가 나오기까지 어떤 사회적인 저항 운동이 있었는지까지 논의한 것은 이런 이유 때문이었다.

진은 앎과 삶의 일치를 중요시했다. 자신의 정치

적 입장을 학생들에게 천명했고, 강의실만이 아닌 거리에서도 앎을 실천했다. "사회적 투쟁이 벌어지는 실제 세계에서 아무 행동도 취하지 않으면서 급진적 변화를 말하는 이론가들은 자신의 안전만을 추구하는 가장 세련된 기술을 솔선수범하여 가르치는 셈"이라고 말할 정도로, 진은 앎과 삶의 일치가 교육자로서 보여주어야 할 모습이라고 생각했다. 말뿐인 이론보다는 실천하는 모습을 보여주는 것이 교육적으로 더 효과가 있다고 본 것이다. 진이 강의실에서 자신의 정치적 성향 등을 숨기지 않았던 맥락도 이와 비슷하다.

"교수가 되었을 때 나는 도저히 내 경험을 교실 바깥에만 놔둘 수 없었다. 가끔씩 나는 왜 그토록 많은 선생들이 1년을 학생들과 보내면서도 자신이 누구인지, 어떤 종류의 삶을 살아왔는지, 자신의 사고가 어디에서 연유하는지, 무엇을 신봉하는지, 또 자신 스스로나 학생, 세계를 위해 무엇을 원하는지를 결코 밝히지 않는지 궁금해했다. 그렇게 감춘다는 사실 자체가 무언가 끔찍한 것―문학, 역사, 철학, 정치학, 예술 등의 연구를 자기 자신의 삶과 옳고 그름에 대한 가슴 깊숙한 곳으로부터의 확신과 분리할 수 있다는 사실-을 가르치는 것은 아닐까? 나는 학생들을 가르치면서 한 번도 내 정치적 견해-전쟁과 군사주의에 대한 혐오, 인종 불평등에 대한 분노, 민주적 사회주의와 전 세계 부(富)의 합리적이고 공정한 분배에 대한 신념-를 숨기지 않았다. 나는 강대국이 약소국에 대해서든, 정부가 시민에 대해서든, 고용주가 피고용인에 대해서든, 또 우파든 좌파든 자신이 진리를 독점하고 있다고 생각하는 이들이 행하는 모든 종류의 협박에 대해서도 증오하고 있음을 분명히 밝혔다."

진은 강의를 시작하기에 앞서서 토론 주제에 대한 자신의 견해를 밝혔고, 그 견해에 동의하지 않을 권리가 있음을 학생들에게 분명히 말했다. 학생들에게 "나는 여러분이 무엇을 선택하는지에 관심이 있다. 하지만 그것들이 모두 타당하다고 생각하지는 않는다. 그렇다고 해서 여러분이 내 의견을 따를 필요는 없다"는 식으로 말이다. 진은 "사람들이 자신의 생각을 밝히지 않는다면 세상은 정체된다는 걸 학생들이 깨닫기를"
바랐다. 그래서 다양한 견해가 서로 오갈 수 있는 환경
을 만들었다. 생각과 표현의 자유를 진은 강의실 내에
서 실천했던 것이다.

진이 대학 내에서 학문의 자유를 중시한 것도 같
은 맥락이다. 진은 친親정부·기업적으로 변한 대학의
현실을 비판하며, 대학교수들의 자기 검열과 자기통제
가 국가에 대한 복종을 불러온다고 주장했다.

"대학에는 정부의 통제보다 훨씬 더 은밀한 형태
의 통제가 존재함을 지적해야만 하겠습니다. 학교 자
체가 국가와 거대 기업의 이익을 학생과 교수와 관리
직원들에게 내면화함으로써 생기는 자기 검열과 자기
통제를 말씀드리는 겁니다. 이는 가장 효과적인 통제
방식입니다. 자유라는 모습으로 나타나며, 스스로 결
정한 것이기 때문입니다.……외부 규제는 전혀 필요
없습니다. 안정적인 직업, 승진, 사회적 지위, 넉넉한
수입을 제공할 수 있을 만큼 부유하고, 다른 방법으로
는 이런 대가를 얻지 못하도록 막을 수 있을 만큼 강

력한 체제가 가하는 눈에 보이지 않는 압박만으로도 충분합니다."

진은 '민주주의'란 이름으로 자행되는 은밀한 통제 또한 경계했다. 억압과 통제가 겉으로 잘 드러나지 않는 민주주의 사회에 살고 있기 때문에 우리는 스스로 자유롭다고 생각하지만 시민의 선택권은 제한되어 있고, 우리는 어릴 때부터 교육을 통해 주입되어온 특정한 이데올로기와 관념에 지배당하며 살고 있다는 것이다. 진은 이런 식의 '민주주의'가 효과적인 통제 수단이 된다고 보았다.

"우리는 우리 스스로의 체제를 '민주주의'라 부른다. 군대가 전면에 나서지 않고 통제가 전면적이지 않기 때문이다. 이 같은 개방성과 융통성이 우리 사회를 좀더 살기 좋게 만드는 것은 사실이다. 그러나 그것들이 더욱 효과적인 통제 수단이 된다는 것 또한 사실이다. 만약 우리가 하나가 아닌 두 개의 당을 가지고 있고 한 명의 지도자가 아닌 세 갈래로 견제되는 정부를 가지고 있으며 언론에서도 특정한 하나의 견해가 아니라 다양한 의견을 전달할 수 있는 다원적인 사회에서 살고 있다고 느낀다면, 그 체제에 반대할 확률은 현저히 줄어들지 않겠는가. 다원적인 사회 역시 자세히 관찰해보면 극히 제한되어 있음을 알 수 있다. 선다형 시험에서는 보기로 주어진 a, b, c, d 중에서 하나를 고를 수 있는 선택권이 주어진다. 그러나 e나 f, g, h 등의 항목은 기록조차 되어 있지 않다."

진은 이 사회가 진정한 민주주의 사회인지를 의심해볼 것을 권한다. 과연 자유로운지, 과연 정부는 시민의 권리를 지키기 위해 애쓰는지, 자유와 평등이 민주주의 사회라 불리는 이곳에서 최고의 가치로 대접받는지, 역사에 기록조차 되어 있지 않거나 정부가 애써 숨기는 게 없는지, 정부가 거짓말을 하고 있지는 않은지, 표현의 자유가 과연 제대로 보장되고 있는지 살펴보라고 말한다. 그리고 잘못되었다 싶으면, 시민의 권리를 되찾기 위해 싸워야 한다고 주장한다. 단, 정치인처럼 생각하거나 행동하지 말고 시민으로서 행동하면서 말이다.

진은 오바마가 당선되어 민주당 정부가 들어선 이후에도 오바마를 비판했다. 전임 대통령 조지 부시가 일으킨 전쟁을 그대로 수행했고, 경제 위기의 원인이 된 금융자본에 공적자금을 투입하는 정책을 이어갔기 때문이다. 대선에서 오바마에게 표를 던졌지만 진은 오바마에게 전권을 주고 응원하는 것은 시민의 역할이 아니라고 생각했다.

또 모처럼 민주당이 정권을 잡았고, 오바마가 존중 받을 자격이 있는 지도자이니 오바마에게 기회를 좀더 주도록 하자는 의견에도 반대했다. 진은 "오바마가 그 자신의 이해관계에 따라 입장을 바꾸는 정치인일 뿐만 아니라, 더 문제가 되는 것은 그런 류의 정치인들에게 잔뜩 둘러싸여 있다는 사실"이라며, 시민이 정치인들처럼 세상을 바라보면서 정치적인 상황을 고려해 적당하다고 생각하는 선에서 타협해야 한다는 식으로 주장해서는 안 된다고 말했다.

시민에게는 "지켜야 할 그 어떤 직위도 없으며, 있다면 오로지 진실만을 주장하는 양심이 있다. 역사가 말해주듯이, 이것이야말로 시민이 할 수 있는 가장 현실적인 일이다"라는 게 진이 바라보는 시민의 역할이었다. 진은 정치인과 정부, 전문가보다 시민을 믿었다. 정치인을 움직이고, 정부의 정책 방향을 바꿀 수 있는 게 시민이기 때문이다. 민권운동과 반전운동을 통해 진은 시민들의 작은 행동이 모여 어떤 결과를 낳는지를 목격했다.

정부를 이끌어가는 소수의 권력자들이 국민들의 희생과 목숨을 담보로 너무나 쉽게 전쟁을 결정하고, 그에 맞춰 언론기관들이 부화뇌동附和雷同해 전쟁 참여를 전폭적으로 지지하는, 그런 행태에 맞설 수 있는 것은 시민들밖에 없다고 믿었다. 권력과 자본으로 언론을 장악하거나, 언론 스스로 정부와 기업 편에 서서 선동하고 거짓말을 내뱉어도 정의와 양심에 따라 시민들이 지배 세력을 압박한다면, 세상이 바뀔 수 있다고 믿었다. 그것이 진이 생각하고 실천해온 민주주의였다.

나에게는
절망할
권리가 없다

―――――

깨어 있는 시민과 그 시민들 간의 연대. 진이 꿈꾼 민
주주의는 거기에 있었다. 또한 진은 자본주의에 맞서
기 위해 경제적 민주주의로서 사회주의를, 정부와 경
찰 등 시민을 억압하는 폭압적인 권위에 저항하는 수
단으로서 아나키즘을 받아들였다. 진이 아나키스트 골
드만을 주인공으로 한 희곡 『엠마Emma』(1976)와 마르
크스를 1990년대 미국 뉴욕으로 불러내 소련식 사회

주의와 자본주의를 직접 비판하게 한 모노드라마 『마르크스 뉴욕에 가다Marx in Soho』(1999)를 쓴 것도 이 때문이었다. 진은 마르크스의 사회주의가 자본주의의 대안이 될 수 있다고 생각했고, 모든 형태의 정부를 비판적으로 바라보며 억압적인 권위에 반대하는 아나키즘이 시민불복종을 통한 민주주의 사회를 이루어나가는 데 필요하다고 보았다.

진은 1988년 봄 보스턴대학을 그만둔 이후에 미국 전역을 다니며 강연을 했다. 강연장에서 진은 깨어 있는 시민들을 보았고, 혼자가 아니라고, 어느 곳을 가든 당신 같은 사람이 있다는 것을 일깨웠다.

"합중국의 어느 주를 가든, 규모를 막론하고 어느 도시를 가든, 병든 사람들, 굶주린 사람들, 인종주의의 희생자들, 전쟁 사상자들에 관심을 갖고, 세상이 바뀌리라는 희망 속에서 아무리 작은 일이라도 무언가를 행동에 옮기는 한 무리의 남성과 여성들이 있었다.……그러나 그들은 서로의 존재를 알지 못했고, 그래서 계속 견뎌내는 동안에도, 산꼭대기로 끝없이 바위를 밀어 올리는 시시포스 같은 절망적인 인내심을 갖고 움직였다. 나는 각각의 사람들에게 그들이 혼자가 아니라고, 전국적 운동이 없음으로 인해 낙담하는 바로 그 사람들 자신이 그런 운동을 만들어낼 수 있는 잠재력을 보여주는 증거라고 말해주려 애썼다. 아마 그들만이 아니라 나 자신도 설득하려 애쓰고 있었을 것이다."

진은 승리한 경험이 있었다. 1960~1970년대 민권운동과 반전운동의 결과는 인종분리 정책 철폐와 베트남전쟁에서 미군 철수를 이끌어냈다. 그러나 1980년대 이후 미국 정부는 다시금 전쟁을 시작하고, 소수에게 부가 집중되고 빈민에 대한 지원 폭은 줄어드는, 정부가 바뀌어도 전쟁은 계속되는, 전쟁 사상자는 날이 갈수록 늘어나고 집이 없어 쫓겨나는 이들의 수가 점점 늘어나는, 그러한 절망의 시대로 접어들었다. 그래서 진은 스스로 설득하려 애쓰고 있다고 말했을 것이다. 자신과 같은 사람은 도처에 있다고, 그 사람들의 연대로 세상이 바뀔 수 있다고 말이다.

사실 충분히 절망할 수도 있었다는 생각이 든다. 세상은 바뀌지 않는다고, 결국 권력을 가진 소수가 다수를 지배하고, 돈 있는 자가 돈 없는 자를 억압하는 것이 세상 이치라고, 아무리 바꾸려 한들 바뀌지 않는다고, 그렇게 절망하는 것이 전혀 이상하지 않은 상황이었다. 여전히 권력과 부는 소수에게 집중되어 있고, 그 집중도가 심화되어가고 있으며, 가진 자와 있는 자가 표현의 자유를 더 많이 누리는 상황에서, 책상 앞에 모여 앉아 수많은 국민의 목숨을 앗아갈 수 있는 정책을 너무나 쉽게 결정하고 밀어붙이는 상황에서, 시민이 할 수 있는 일이 얼마나 될까 하는 의문이 드는 것은 어쩔 수 없는 일이다. 그럼에도 진은 절망하지 않았다. 여전히 미국 곳곳에 저항하는 사람들이 있었기 때문이다. 조금씩 세상이 변하고, 사람들의 의식이 변하는 게 느껴졌기 때문이다. 아직, 게임은 끝나지 않았기 때문이다.

　"전쟁과 불의로 만연한 이 세상에서, 한 개인이 소진되어버리거나 단념하거나 냉소적으로 변하지 않고,

사회에 참여하고 투쟁을 소홀히 하지 않으며 건강하게 살 수 있도록 자신을 다스릴 수 있을까? 내가 전적으로 신뢰를 가지고 있는 것은 세계가 더 좋아질 것이라는 점이 아니라, 모든 카드를 사용하기 전에는 게임을 포기하지 말아야 한다는 점이다. 이 은유는 사려 깊은 것이다. 인생은 한판의 도박이기 때문이다. 게임을 하지 않는 것은 이길 수 있는 기회를 사전에 차단하는 일이다. 게임에 참여하는 것, 행동하는 것은 적어도 세상을 바꿀 수 있는 가능성이나마 만들어내는 일이다. 사람들은 우리가 현재 목격하고 있는 상황이 계속될 것이라고 생각하는 경향이 있다. 우리는 갑작스럽게 제도가 붕괴하는 것, 사람들의 생각이 놀랄 만큼 변하는 것, 폭정에 대항해 예기지 않은 저항이 분출하는 것, 무적인 것처럼 보였던 권력 체계가 순식간에 무너지는 것을 보면서 얼마나 자주 깜짝 놀랐는지를 잊어버린다."

진은 시민의 직접 행동을 기반으로 하는 민주주의에 대한 신념과 잘못된 정부에 대한 끊임없는 저항과

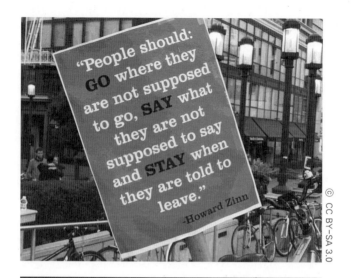

진의 불복종운동은 수많은 사람에게 큰 영향을
미쳤다. 2011년 11월 12일 미국 오클랜드의 '점
령하라Occupy 운동' 현장에 등장한 플래카드에는
"사람들은 가지 말아야 할 곳으로 가야 하고, 말
하지 말아야 할 말을 해야 하며, 떠나라는 말을
들을 때 머물러야 한다"는 진의 생전 발언이 적
혀 있다.

시민불복종 운동의 필요성, 변화에 대한 믿음을 이야기했고, 행동으로 옮겼다. 평등한 시민들이 자유를 누리고 행복을 추구할 수 있는, 전쟁으로 아이들이 죽지 않는, 정의로운 세상을 꿈꿨다. 힘으로 약자를 위협하는 행위와 미국 중심주의와 자본주의, 소련식 공산주의와 파시즘, 전쟁에 분노했다. 그 분노의 힘으로 사회를 바꾸고자 했다. 진은 꿈꾸는 사람이었다.

"그렇다. 우리는 꿈꾸는 이들이다. 우리는 평화로운 세계를 원하며 평등한 세계를 원하며 평등한 사회를 바란다. 전쟁을 반대하며, 소수가 부를 독점하는 자본주의가 지속되는 것을 원하지 않는다. 우리는 품격 있는 사회를 바라고 있는 것이다. 우리는 이 꿈을 굳게 붙들고 나갈 것이다. 만일 우리가 그렇지 않게 된다면, 이 문제가 현실 자체에 매몰되어 아예 꿈도 꾸지 못하게 될 것이기 때문이다."

2010년 1월 27일 급작스런 심장마비로 사망할 때까지 진은 그렇게 살았다. "나에게는 절망할 권리가 없다. 나는 희망을 고집한다"면서 진은 깨어 있는 시민과 그 시민들 간의 연대, 시민불복종과 직접 행동으로 이루어나가는 진정한 민주주의에 대한 꿈을 꾸었다. 비록 절망적이고 좋지 않은 시대라 할지라도 그 꿈이 언젠가는 이루어지리라 생각하며, 행동하고 저항하면서 현재를 사는 삶 자체가 이미 훌륭한 승리라고 보았다.

"좋지 않은 시대에 희망을 갖는다는 것은 단지 어리석은 낭만주의만은 아니다. 그것은 인류의 역사가 잔혹함의 역사만이 아니라, 공감, 희생, 용기, 우애의 역사이기도 하다는 사실에 근거한 것이다. 이 복잡한 역사에서 우리가 강조하는 쪽이 우리의 삶을 결정하게 될 것이다.……그리고 아무리 작은 것일지라도 우리가 행동을 한다면, 어떤 거대한 유토피아적 미래를 기다릴 필요가 없다. 미래는 현재들의 무한한 연속이며, 인간이 살아가야 한다고 생각하는 바대로, 우리를 둘러싼 모든 나쁜 것들에 도전하며 현재를 산다면, 그것 자체로 훌륭한 승리가 될 수 있다."

민주주의는 언제든 망가질 위험이 있는 체제다.

입법부와 사법부, 행정부 등 3권 분립이 이루어져 서로를 견제하게 되어 있지만 '자가 증식'과 '확장'을 속성으로 하는 권력은 3권 분립을 무력화시킬 수 있다. 행정부 아래 사법부와 입법부가 일사분란하게 복종한 역사가 우리에게도 있는 것처럼 말이다. 또 이익 추구를 위해서라면 무슨 짓이든 하는 자본을 비롯한 소수의 권력자들은 자신의 기득권을 지키기 위해 민주주의를 퇴보시킬 수 있다.

그들은 시민들에게 정보를 숨기고 거짓말을 한다. 부와 권력이 있기에 더 많은 자유를 누리며, 시민의 자유를 제한한다. 비리가 발각되어도, 더 많은 언론을 동원할 수 있기에 '물타기'와 '물 흐리기'로 이를 피해간다. 다른 이들의 기회를 빼앗는 방법으로 기득권을 유지한다. 정치 세력은 여야로 나뉘어 있지만 그 차이는 크지 않으며, 자신들의 기득권을 지키는 일에는 언제 싸웠나 싶게 일치단결한다.

그럼으로써 세상은 더 불공정해지며, 어떻게든 남보다 우위에 서기 위한 각자도생各自圖生이 판을 친다.

가진 자는 불법을 저질러도 제대로 처벌받지 않는 불의가 횡행하고 사회는 신뢰를 잃는다. 각박해지고 서로를 의심한다. 그 안에서 시민의 자유와 평등은 사라져간다. 자유롭고 독립적인 개인 또한 사라져간다.

그것을 막을 수 있는 게 시민이고, 시민 간의 연대다. 시민들이 연대하고 부당한 권력에 불복할 때, '이게 나라냐'며 분노하는 시민의 힘이 켜켜이 쌓여갈 때, 분노는 저항의 원동력이 된다. 웬만해선 바뀌지 않고 한번 선출된 이후에는 국민의 요구를 나 몰라라 하는 정부와 정치인들의 행동을 바꾸게 하는 것도, 양심에 따른 내부 고발로 정부와 기업 등에서 벌어지는 비리를 밝혀내는 것도, 함께 잘 살자며 밑에서부터 공동체를 만들어 세상의 각박함을 덜어내려 노력하는 이도, 일상에서 벌어지는 소소한 억압에 저항하는 이도, 아이들의 죽음을 잊지 말자며 노란 리본을 자발적으로 다는 이들도 모두 시민이다.

바로 그들이 있기에 민주주의의 가치는 지켜지며, 우리는 자유와 평등을 담보할 수 있다. 바로 이것이

'민주주의란 무엇인가'란 질문에 대해 진이 수많은 저작과 행동으로 답한 것이었다.

　민주공화국이자 주권이 국민에게 있음을 헌법에 명시한, 민주주의 사회라 불리는 대한민국은 독재정권에 의해 그 시작부터 시민의 자유와 평등, 행복 추구를 비롯한 권리를 제대로 보장받지 못했다. 그들은 법과 질서를 명분으로 내세워 국민을 통제하고 억압했다. 국가 폭력이 빈번하게 벌어졌고 노동자에 대한 착취가 일상적으로 이루어졌다. 국민은 주권자이기보다는 국가와 정부의 부속품처럼 여겨졌다. 때로는 한 번 쓰고 버려지는 소모품 취급을 받기도 했다. 중앙정보부와 국가안전기획부, 검찰과 경찰의 조작으로 간첩으로 몰려 죽음을 맞이한 이들이 그랬고, 산업재해임에도 제대로 된 보상도 받지 못한 노동자가 그랬으며, 하루아침에 생활터전을 잃어버린 철거민들이 그랬다.

　그럼에도 '우리는 하나', '단일민족'이라는 식으로 일사불란이 강조되었고 일치단결이란 말이 횡행했다. '애국'과 '애족', '반공'과 '멸공', '복종'과 '순종'이 지배 이데올로기였다. 상명하복上命下服과 '까라면 까'라는 전근대적인 군대식 용어가 일상생활에서 너무나 자연스럽게 쓰였다. 여성을 차별하는 데서 그치지 않고 여성 혐오가 횡행하고 있으며, 성 소수자에 대한 차별도 여전하다. 다수가 소수를 억압하고 차별하고 혐오하는 데까지 이르렀다.

그뿐인가. 가진 자와 못 가진 자 사이의 괴리가 이제는 신분 차이로 확장되었다. 빈부 격차와 소득 불평등은 심화되고 있다. 누군가는 엄청난 부를 쌓아올리는데 누군가는 생활비가 없어 목숨을 끊는다. '유전무죄 무전유죄', '억울하면 출세하라'란 말은 여전히 참으로 받아들여지고 있다. 출세를 위해 아이들은 사교육 시장으로 내몰리고 경쟁을 내면화한다. '돈도 실력이야'란 말은 무참하지만 현실로 인정받고 있다.

그 와중에 정부와 정치인들이 국민을 위한다는 명분을 내걸고 권력을 사유화하고 사익私益을 추구하는 행위도 끊이지 않고 있다. 검찰로 대변되는 사정기관은 법과 원칙을 내세우지만 때로 정치적인 역할을 수

행하며, 자신들의 기득권을 지키기 위해 혈안이 되기도 한다. 권력과 자본의 비리 역시 반복해서 벌어지고 있지만 그들에게 가해지는 처벌은 솜방망이보다 못하다. 이미 권력이 된 지 오래인 언론은, '객관'을 가장한 채 특정 정치 세력을 궤멸이라도 시키겠다는 듯 편향적인 기사를 쏟아내며 여론을 호도한다. 또 특정 기업을 절대 비판하지 않는 '의리(?)'를 보여주며, 한번 잡은 줄을 놓치지 않기 위해 비굴한 모습을 보이기도 한다. 그들에게, 시민이란 존재는, 시쳇말로 '개, 돼지'에 불과한지도 모른다.

지금 우리는 절망의 시대를 살고 있는지도 모른다. 충분히 절망할 만한 상황이 펼쳐져왔고, 계속될 것만 같기도 하다. 그러나 우리는 보았다. 평생 끝나지 않을 것처럼 견고해 보였던 독재정권이 시민들의 힘으로 무너진 것을, 군대와 경찰력을 동원해도 시민들을 이기지 못했던 것을, 촛불을 든 평화로운 시위로 권력자를 끌어내린 것을, 깨어 있는 동료 시민과 어깨 겯고 권력과 맞섰던 것을, 반목하는 듯 보이지만 결정적인 순간에는 연대하는 시민들을, 그들 덕분에 조그마한 권리라도 되찾을 수 있었던 것을, 진의 말처럼 시민들이 들고일어나 역사적인 순간을 만들어내는, 그런 역사를 우리도 가지고 있다.

이것이 하워드 진이 그랬던 것처럼 희망을 고집하는 이유다. 아직, 게임은 끝나지 않았다.

참고문헌

하워드 진, 이아정 옮김, 『오만한 제국』(당대, 2001).

_____, 유강은 옮김, 『달리는 기차 위에 중립은 없다』(이후, 2002).

_____, 유강은 옮김, 『전쟁에 반대한다』(이후, 2003).

_____, 이재원 옮김, 『불복종의 이유』(이후, 2003).

_____, 윤길순 옮김, 『마르크스 뉴욕에 가다』(당대, 2005).

_____, 유강은 옮김, 『미국 민중사 1·2』(이후, 2008).

_____, 문강형준 옮김, 『권력을 이긴 사람들』(난장, 2008).

_____, 김민웅 옮김, 『왜 대통령들은 거짓말을 하는가?』(일상과이
상, 2012).

하워드 진·도날드 마세도, 김종승 옮김, 『하워든 진, 교육을 말하다』
(궁리, 2008).

_____, 앤서니 아노브 엮음, 윤태준 옮김, 『역사를 기억하라: 하워
드 진 연설문집 1963-2009』(오월의봄, 2013).

하워드 진

ⓒ 아거, 2020

초판 1쇄 2020년 1월 15일 찍음
초판 1쇄 2020년 1월 20일 펴냄

지은이 | 아거
펴낸이 | 강준우
기획·편집 | 박상문, 김소현, 박효주, 김환표
디자인 | 최진영, 홍성권
마케팅 | 이태준
관리 | 최수향
인쇄·제본 | ㈜삼신문화

펴낸곳 | 인물과사상사
출판등록 | 제17-204호 1998년 3월 11일

주소 | 04037 서울시 마포구 양화로7길 4(서교동) 2층
전화 | 02-325-6364
팩스 | 02-474-1413

www.inmul.co.kr | insa@inmul.co.kr

ISBN 978-89-5906-558-5 03300

값 10,000원

이 저작물의 내용을 쓰고자 할 때는 저작자와 인물과사상사의 허락을 받아야 합니다.
파손된 책은 바꾸어 드립니다.

이 도서의 국립중앙도서관 출판예정도서목록(CIP)은 서지정보유통지원시스템 홈페이지
(http://seoji.nl.go.kr)와 국가자료공동목록시스템(http://www.nl.go.kr/kolisnet)에서
이용하실 수 있습니다. (CIP제어번호: CIP2020000964)